노력의 함정

노력의 함정

초판 1쇄 인쇄 | 2013년 4월 3일
초판 1쇄 발행 | 2013년 4월 5일

지은이 | 최찬훈
펴낸이 | 김형호
펴낸곳 | 아름다운날

주소 | (121-837) 서울시 마포구 서교동 351-10 동보빌딩 103호
전화 | 02)3142-8420
팩스 | 02)3143-4154
출판등록 | 1999년 11월 22일
전자우편 | arumbook@hanmail.net

ISBN 978-89-93876-34-5 (03320)

노력의 함정

| 최찬훈 지음 |

아름다운날

노력하지 말아야 할 이유

많은 이들이 성공에 이르는 황금열쇠를 던져주듯이 하는 말이 있다. "노력해라!" "노력해야 성공한다!"라는 말이다. 그러나 정말 그것이 맞는 말일까? 단언하건데 "노력해라!" "노력해야 성공한다"는 말은 성공에 아무런 효과도 없다. 확실한 건 이런 말을 많이 하는 사람일수록 무능한 지도자라는 점이다. 노력, 의지, 정신력 등의 단어를 자주 쓰는 사람일수록 그에게선 배울 게 없다.

많은 지도자들로부터 "노력이 중요하다", "노력해야 성공한다"라는 말을 우리는 이미 수천 번도 넘게 들어왔다. 그런데 과연 그 말이 효과를 발휘했던가? 과연 그 말들을 듣고 노력을 하게 되었던가? 아쉽게도 그렇지 않다. 해봐야 효과 없는 얘기를 자꾸 하는 건 코칭이 아니라 자기만족에 불과하다.

　이것은 다른 이들을 지도할 때뿐만 아니라 자기 자신의 계발에 있어서도 마찬가지다. "더 열심히 노력해보자! 힘을 내자!"라는 다짐을 자신에게 수천, 수만번도 더 했지만 얼마 안 가 늘 제자리로 다시 돌아오곤 했던 우리들이다. 노력에의 강요와 강한 다짐이 아무 효과 없음은, 이미 우리의 삶이 절절하게 입증해주고 있지 않은가. 이젠 '노력'이란 말을 듣는 것만으로 신물이 나는 사람들도 많다.

　노력을 주제로 하는 책들 중에는 간혹 도움이 되는 것도 있지만 식상함 그리고 지나친 자기과시로 오히려 불쾌감과 거리감을 주는 책들도 많다.

　기존의 숱한 '노력 찬양' 관련 서적들은 대개 다음의 세 가지 내용을 담고 있다.

　첫 번째, 성공한 사람들의 노력 경험담

　두 번째, '노력해야 성공한다'는 명제에 대한 재(再) 증명

　세 번째, '긍정적으로 생각하고 꿈꾸면 뭐든지 이루어진다'는 식의, 소위 '긍정주의'

　이중 두 번째 명제인 '노력해야 성공한다'는 초등학생도 아는 이야기인데, 굳이 몇 백 쪽에 걸쳐 온갖 사례를 동원해 또 증명하고 있는 책들이 아주 많다.

　이렇게 어처구니없을 정도로 당연한 얘기를 담는 책들이 그래도 팔

리는 이유는 사람들이 성공과 출세에 워낙 목말라 있는 데다, 한편으로는 위안 혹은 대리만족감을 주기 때문일 것이다.

첫 번째 내용 역시 마찬가지다. '노력해서 성공했다'는 이들의 경험담을 계속 들어봐야 그들의 노력에 감동하는 선에서 그칠 뿐, 우리 행동이 극적으로 변하는 경우는 거의 없다. 일시적 감동으로 지속적인 변화가 만들어지지 않는다는 건, 이미 알 만한 사람은 다 아는 사실이다. 그런데도 이런 일회성 감동 콘텐츠가 자꾸 생산되고 판매되는 것은, 변화는 갈망하면서도 동시에 본질적인 고민은 피하고 싶어 하는 우리의 이중적인 심리에도 원인이 있을 것이다.

변화는 단번에 오지 않는다. '한방의 감동'으로 삶을 바꿀 수 있다면 이 세상에 변화에 실패하는 사람도, 육성에 실패하는 지도자도 없을 것이다. 따라서 실질적인 변화를 원한다면 우리 주변을 둘러싸고 있는 각종 노력에 대한 수박 겉핥기 콘텐츠가 아니라, 보다 더 실질적인 정보를 찾아야 한다.

세 번째 내용에 대해서는 굳이 설명할 필요가 없겠다. 그럴 만한 가치를 찾을 수 없으므로.

공부 못하는 학생, 성적 나쁜 운동선수, 취직 못하는 구직자, 살 못 빼는 다이어트 실패자 등에게 사람들이 하는 말은 대부분 "노력해라! 넌 의지가 부족하다"이다. 이렇게 각 사람들이 처한 조건이나 상황을 단순하게 획일화시키고, 성과가 안 나오면 무조건 의지박약으로 몰아붙여 낙인을 찍는 것이 이제까지 이 사회를 이끌어온 인력 양성의 관점이다. 사실 이것은 양성이라기보다는 관리(Management)적 관점인데,

아쉽게도 우리 사회 대부분의 지도자들은 언제나 인간을 관리하려고만 들었다. 이는 자기 자신에 대해서도 마찬가지다. 지금까지 대부분의 자기계발서 역시 성공한 사람들의 기준틀에 따라 '나 자신을 관리'해 나가야 한다는 관점을 토대로 하고 있다.

노력의 정도와 강도는 드러나는 성과로 측정되어 왔다. 그러나 눈에 보이는 성과가 없다고 해서, 그 사람이 진짜 노력하지 않고 있다고 단정할 수 있을까. 사람에 대해 그렇게 쉽게 단정을 내리는 사람은, 절대 육성이란 작업을 제대로 수행할 수 없다.

남을 교육하든 자기를 계발하든, 관리나 평가보다 더 필요한 것이 바로 관찰이다. "더 열심히 노력해!"라고 위압적으로 호통 치는 것보단 그의 행동에 영향을 끼치는 심리적, 신체적, 환경적 조건의 이면을 관찰하는 일이 우선이다. 예를 들어 폭식에 중독되어 있는 사람에게 "이 절제력 없는 돼지야!"라고 핀잔을 줄 게 아니라, 먼저 그가 폭식을 하게 되는 이유를 올바른 방법으로(Searching Tool) 찾는 게 우선이다.

누가 노력을 측정할 수 있는가

소위 성공했다는 사람들의 강의나 책을 보면 '노력', '불굴의 의지', '정열' 같은 실체가 모호한 단어를 강조하고, 강력하고 멋진 구호를 주문처럼 내세운다. 그러나 그런 말들에는 함정이 있다. 이를테면 "노력은 배신하지 않는다!"라는 말이 옳다면 성공하지 못한 사람들은 결국 노력하지 않은 사람이 된다. 과연 이게 맞는 논리인가.

지난여름 한 신문에서 성적에 따라 학생들을 분반하는 한 학교를 취재한 적 있었다. 사실 이런 분반은 드물지 않은 것이었으나 무더운 여름날 우등반과 열등반 교실의 냉방에 차이를 둔 것이 논란이 되었기 때문이었다. 그런데 에에 대해 한 학생이 인터뷰에서 "우리가 더 노력하는 반인데 더 많은 혜택을 누리는 게 당연한 거 아닌가요?"라고 말했다.

성적에 따른 혜택의 차별을 당연시 여기는 이 학생은 어떻게 그런 생각을 갖게 되었을까. '성공은 오로지 노력 덕, 실패는 무조건 노력부족 탓'이라는 메시지를 무감각하게 뿌려온 미디어, 그리고 생각 없는 교육의 책임이 클 것이다.

백번 양보해서 노력하는 사람이 더 많이 가져가는 게 옳다고 해보자. 그렇다면 과연 '내가 너보다 더 많은 노력을 했다'는 건 대체 어떻게 증명할 수 있단 말인가? 체중계처럼 공통 단위로 측정할 수 있는 '노력 측정계'라도 있다는 말인가? 노력의 측정 단위는 없다. 따라서 내가 너보다 더 노력했으니 더 가져야 한다는 건 논리적으로나 과학적으로 아무런 근거도 없는 얘기다.

노력은 원인이 아니라 결과다

대한민국 교육자와 미디어가 가진 맹신의 헛점은, 결과현상에 불과한 노력을 원인요소로 생각한다는 데에 있다. '노력, 정신력, 의지'는 그 역시 여러 신체적, 심리적 조건이 빚어내는 하나의 현상일 뿐이다. 이 사실을 인지하지 못하는 사람들이 종종 호통과 강제, 인격비하라는 최악의 방법으로 동기부여를 시도하곤 한다.

동기부여란 다른 말로 하면 '필요'가 된다. 공부를 놓고 얘기해보면 학생의 성적을 결정짓는 가장 중요한 요소는 학생의 정신력도, 공부법도, 부모의 정성이나 지능도 아닌, 공부를 하지 않으면 안 되는 '필요'이다. 어떤 일을 잘하는 사람은 그 일을 잘해야만 하는, 그 일을 잘하지 않으면 살아가기가 힘든 이유를 가진 사람이다. 이것이 없이 어떤 일을 지속적으로 끝까지 잘해나가는 인간은 없다.

어떤 일을 잘하려고 노력하지 않는 사람에게 "대체 너는 왜 열심히 노력하지 않느냐?"라고 묻는다면 그에 대한 답은 하나다.

"내가 그 일을 왜 열심히 해야 하는데?"

즉 그가 열심히 하지 않는 이유는 그 일을 해야 할 절실한 필요를 느끼지 못하기 때문이다. 이는 모든 일에 적용되는 이야기다. 누군가 어떤 일을 못한다고 했을 때, 그 가장 큰 이유는 언제나 '필요의 부족'이된다.

이 말에 대해 과도한 비약이라 할 사람도 있을 것이다. "분명히 잘해야 할 필요가 있는데 노력하지 않는 게으름뱅이들도 많지 않은가?"라고 반문할 사람도 있을 것이다. 그러나 그런 비판은 하나는 알고 둘은 모르는 얘기다. 왜냐하면 제삼자가 보는 필요와, 진정 자신이 느끼는 필요 사이에는 아무런 상관관계가 없기 때문이다.

유능한 지도자는 "열심히 해라"라는 말을 천 번 하는 것보다, 필요 조건을 바꾸는 게 훨씬 효과적이라는 걸 잘 알고 있다. 도요토미 히데

요시는 건축부교 시절 한 마디의 호통이나 채찍질 없이 인부들 급여 체계를 바꾸는 것만으로도 공사기간을 3분의 1 이하로 단축할 수 있었다. 어떤 일이건 중요한 것은 그것을 해야 하는 이유이지 의지력 따위가 아니다.

내 안에 존재하는 이유를 찾아라

우리에게 진짜 필요한 것은 일방적인 충고가 아니라 스스로에 대한 객관적 관찰이다. 뭔가에 대한 만족스런 노력이 이뤄지지 않는다면 그것은 내 안에 노력의 필요에 반하는 이유가 분명히 존재하고 있기 때문이다. 바로 그것을 찾아내는 것이 변화와 자기계발의 첫걸음이다. 이 과정을 거치지 않고 나를 신중히 관찰하지 않는 사람, 한마디로 나를 잘 알지 못하는 사람의 충고에 귀 기울이다 보면 오히려 혼란에 빠지기 쉽다.

　이 책은 원래 성적 최하위권, 혹은 공부를 전혀 하지 않는 학생들을 공부하게 만드는 방법을 담으려고 기획되었던 책이다. 그러나 작업을 진행하다보니 굳이 주제를 공부에 국한시킬 필요가 없다는 의견을 많이 듣게 되었다. 이 책에서 소개된 원리들은 공부 외에도 운동, 다이어트, 업무 추진 등 변화가 필요한 모든 곳에 적용을 시킬 수 있다. 물론 시중에 나와 있는 대부분의 '성적 올려주는 책'들이 터무니없는 학습 강요의 도구로만 활용된다는 점도 이 책의 방향을 바꾸는 계기가 되었다.

무분별하게 학벌에 집착해온 우리 교육은 오랫동안 더 큰 것을 놓쳐 왔다. 사실 우리가 공부를 하면서 진짜 얻어야 할 것은 성적이나 학벌이 아니라, 나 자신에 대한 발견이다. 그런 의미에서 이 책이 '성적 올리기', '노력왕 따라하기' 등의 기계적 처방이나 일회성 감동을 전하는 책들 보다는 장기적으로 실제적인 힘이 되어 줄 것으로 믿는다.

차 례

3장 │ 의심하고, 깨뜨리고, 새롭게 바꾸라

4장 │ 노력을 막는 대표적인 이유들

1

노력에 대한 오해

공부의 신, 해외 명문대 우등생, 대박 청년 사업가 등 젊은 나이에 큰 성과를 거둔 이들의 노력 콘텐츠가 쏟아져 나오고 있다. "성공한 사람의 삶에서 배워야 한다"는 말 자체는 틀린 게 아니지만 그들의 이야기를 내 아이, 내 학생에게 들려주기 전에 한번쯤은 "저 사람 이야기가 과연 이 아이에게 적합한 걸까?"라는 생각은 해볼 필요가 있다.

노력 콘텐츠의
역효과

:: 과시만 넘치는 노력 콘텐츠들

시중에 넘쳐나는 노력 콘텐츠의 대부분은, 높은 학벌 혹은 큰 부를 거머쥔 사람들의 경험담에 기반하고 있다. 물론 "성공한 사람의 인생에서 배우는 자세를 가져야 한다"라는 말은 틀린 것이 아니다. 그러나 문제는 성공한 인생 스토리를 아무리 열심히 들어도, 실제 내 삶이 잘 바뀌지 않는다는 데에 있다. 예를 들어 자식을 명문대 수석으로 키워낸 어머니의 교육담을 굳이 시간 내서 듣는 이유는, 그 노하우를 실천해서 내 자식도 명문대로 보내기 위함이다. 그런데 대부분의 경우 강의장에선 고개를 수십 번 끄덕이다가도, 막상 다시 집에 오면 모든 것이 예전 그대로 변함없이 유지된다.

교육에서 중요한 것은 받아들이는 쪽에서 얻는 효과이다. 그러나 현재 범람하고 있는 노력 콘텐츠 대부분은 받아들이는 쪽을 크게 개의치 않는다. 구매자 입장에서의 효과보다 저자의 자아실현이 오히려 주요 내용인 경우가 많다. 그들은 자신의 책이나 강의를 듣고 변화하지 못한 사람들에겐, "더 노력해야 합니다", "아직 긍정적 사고가 부족해서 그런 거예요"라는 식의 태도를 보인다.

자기 과시와 지도의 차이는, 관점의 중심이 어디에 있느냐에 있다. 말하는 사람 자신에게 초점이 맞춰져 있다면 그건 잘난 척이고, 듣는 사람 즉 '학습자의 효과'에 초점이 맞춰져 있다면 그것은 지도다. 오늘날 난무하는 노력 콘텐츠는 과연 자기과시일까 지도일까.

물론 강의나 책 등에서 유명인의 노력 콘텐츠를 보고, "그래! 이제부턴 정말 열심히 노력해야지!!"라는 각오를 다지게 될 수도 있다. 그러나 그런 굳은 각오와 '다짐'이 효과 없다는 건 이미 우리의 경험을 통해 충분히 입증된 사실이다.

노력 콘텐츠가 의미를 가지려면 소위 노력왕들과 평범한 일반인의 차이를 꼼꼼히 따져주어야 한다. 그러나 대부분 노력 콘텐츠들은 그런 귀찮은 일을 하지 않는다. 그보다는 그들만의 화려한 노력 히스토리를 실컷 나열한 다음 마지막에서야 "나도 당신들과 크게 다르지 않은 사람이다. 하지만 노력으로 모든 어려움을 극복했다!"라는 식으로 마무리한다. 그러나 현실적으로 이런 콘텐츠로는 우리를 변화시킬 실마리를 찾기가 힘들다.

콘텐츠 제작자 입장에선 그걸 담아낼 능력이 없을 수도 있고, 설사 능력이 있어도 구매자들이 복잡한 분석을 싫어할 것이라 지레짐작해서 담지 않는 경우도 있을 것이다. 물론 이에 대해서는 구매자의 책임도 없다 할 수 없다. 세상에는 그와 같은 적당한 자극, 일회성 감동만을 원하는 사람도 많기 때문이다. 그러나 일회성 감동은 오락이다. 그리고 노력은 오락적 관점으로 접근해선 절대 달성해 낼 수 없는 것이다.

:: 노력 콘텐츠의 교육적 부작용들

최근엔 공부의 신, 해외 명문대 우등생, 대박 청년 사업가 등, 젊은 나이에 큰 성과를 거둔 이들의 노력 콘텐츠가 쏟아져 나오고 있다. "성공한 사람의 삶에서 배워야 한다"는 말 자체는 틀린 게 아니지만 그들의 이야기를 내 아이, 내 학생에게 들려주기 전에 한번쯤은 '저 사람 이야기가 과연 이 아이에게 적합한가?'라는 생각은 해볼 필요가 있다. 그런 생각 없이 무조건 남의 경험을 주입하려 하기 때문에 아이들이 거부감을 가지게 되는 것이다.

독자들이 그들의 이야기를 읽는 건 노력왕들에게 찬사와 박수를 보내기 위해서가 아니다. 나, 혹은 나의 학습자가 변하는 게 진정한 목표다. 그런 의미에서 따지면 성공한 사람들의 노력 콘텐츠는 긍정적 효과도 분명 있지만 그에 못지않은 부정적 효과도 많다.

노력 콘텐츠들이 만들어내는 부정적 효과는 크게 두 가지다. 하나는 가치 교육적 측면 부작용, 또 다른 하나는 행동 교육적 측면의 역효과다.

우선 가치 교육적 측면의 부작용이라면, 너무나 쉽게 "성공과 실패는 노력이 좌우한다"라는 명제를 내세운다는 점이다. 이는 학생들을 열심히 노력하는 훌륭한 사람이 아니라, 왜곡된 시각을 가진 편향된 사람으로 만들 수도 있는 매우 그릇된 개념을 주입하는 것이다.

기본적으로 '노력'이란 말은 지극히 애매모호한, 추상적 개념에 불과하다. 그런데 노력왕들이나 교육자들은 노력이란 게 마치 체중이나 키처럼 물리적 측정이 가능한 요소인 양 말하고 있다. 이런 오도된 의식이 널리 퍼지다보면 "우등반이 더 노력하는 학생들이니, 더 많은 편의시설을 제공해 줘야 한다!"는 주장을 하는 학생도 나오게 되는 것이다.

모든 결과를 개인의 노력 탓으로 귀결시키는 풍토는, 비단 한 사람의 인격과 판단을 비틀어 버리는 데 그치지 않는다. 〈결과=노력〉이라는 단순한 결론은 우리가 살고 있는 이 사회를 보다 각박하고 비도덕적인 곳으로 만드는 데 일조할 충분한 개연성을 갖고 있다.

또한 행동 교육적 측면에서는 '노력, 의지력, 정신력'을 강조하는 시중의 노력 콘텐츠가, 인간 행동에 대한 과학적이고 분석적인 태도를 잃게 하는 역효과를 낳을 수 있다.

:: 조건의 차이를 무시하는 노력 측정의 허구

100미터 달리기 세계 2인자 요한 블레이크는 라이벌 우사인 볼트에 비해 키가 16센티나 작다. 우사인 볼트는 41걸음에 100미터를 주파하는데, 2인자인 블레이크 46걸음, 3인자인 저스틴 게이틀린은 44.5걸음에 뛴다. 0.01초 단위의 승부에서 이는 엄청난 차이다. 그렇기 때문에 전세계 그 어떤 육상 코치도 "블레이크가 볼트보다 노력이 떨어진다"고는 하지 않는다. 만일 그런 말을 하는 코치가 있다면 그는 바보라는 지탄을 면치 못할 것이다.

그런데 학생들에게 공부를 가르치는 우리 교사들은 어떤가? 노력이란 단어 하나로 우리가 안고 있는 수많은 다른 조건들을 너무나 쉽게 덮어버리고 있지는 않은가? 교사가 육상 코치보다 분석적이지 않아도 되는 이유가 있나? 없다. 교사 역시 자메이카 육상 코치처럼 반드시 분석적 태도를 가져야만 하는 지도자다.

물론 신체조건이 승부에 결정적인 영향을 미치는 스포츠와 공부는 성질이 다르다고 할 수도 있다. 그렇다면 되물어보자. 왜 신체조건만 조건이라고 생각하는가? 인간의 의식, 마음에는 과연 조건이라는 게 없는 것일까? 천만의 말씀. 우리의 마음에도 신체 못지않은, 수많은 차이를 만들어내는 조건들이 주렁주렁 달려 있다.

과연 우리는 어떤 사람의 실패에 대한 모든 이유를 안다고 할 수 있을까? 그가 맞닥뜨려야 했던 모든 장애, 노력을 힘들게 하는 고통 요소를 모두 확인할 수 있을까? 당연히 그럴 수 없다. 인간의 신체, 심리, 환경은 결코 한 두 가지 요소로 구성되어 있는 게 아닌데다 서로가 거미줄처럼 얽혀 있어서 자기 자신도 그 실체를 명확하게 파악하기가 어렵다. 이렇듯 상대의 조건 자체를 파악할 수가 없는데, 어떻게 노력의 양을 재단할 수 있는 말인가?

여기에 A와 B두 학생이 있다. A는 독서실에 가서 30분만 공부하고 나머지 시간은 휴게실에서 친구들과 수다를 떨다 돌아왔다. B는 10시간 동안 계속 수학 문제를 풀다가 돌아왔다. 이 두 학생의 노력을 평가해본다면 어떻게 될까. 대부분 사람들은 A를 노력하지 않는다고 평가할 테고, B에 대해선 의지력 뛰어난 학생이라고 엄지손가락을 치켜세울 것이다. 그러나 적어도 교육을 담당하는 사람은 그렇게 섣부른 판단을 해서는 안 된다. 처한 상황에 따라선 이 두 학생이 기울인 노력의 정도는 거의 차이가 없을 수도 있다. 왜냐하면 이 둘이 가진 조건이 다르기 때문이다. 세상에는 보이는 조건보다 보이지 않는 조건이 훨씬 더 많다.

똑같은 신체 구조를 지녀도 나와 너는 완전히 다를 수 있다는 것, 올바른 교육자라면 그런 다름과 차이를 인정하고 이해해야 한다. 하지만 오로지 학벌과 경쟁만이 모토가 되어버린 오늘날 교육 상황에서 그런 교육자를 만나기란 쉽지가 않다. 교육현장의 풍토가 학생뿐 아니라 교육자의 성장조차 막고 있기 때문이다. 그럼 빼어난 교육자를 만나기 힘든 세태에서 우리는 어떻게 해야 하나? 새로운 교육의 길을 스스로 찾는 수밖에는 없다.

:: 노력 패배자를 양산하는 사람들

노력보다 조건이 우선이라는 이야기에 동의하지 못하는 이들도 많을
것이다. 실제로 미디어에 등장하는 노력왕들을 보면 하나같이, 자신이
짊어졌던 각종 열악한 조건들(경제적 어려움, 불행한 가족사 등등)을 의
지와 노력으로 이겨냈다고 말하고 있다. 명문대 수석 학생의 인터뷰에
는 단 한 줄도 고액 과외에 대한 이야기가 등장하지 않는다. 가난한 집
안에서 태어나, 그야말로 노력 하나로 명문대의 벽을 뚫었다는 얘기가
오히려 일반적인 레퍼토리다.

　　힘든 조건들을 극복한 노력왕들의 눈물겨운 스토리를 듣다보면, 행
동이 조건에 영향을 받는다는 주장이 비겁한 핑계처럼 느껴지기도 한
다. 그래서 노력왕들의 얘기를 듣고 온 많은 학부모와 교사들은 아이
에게 이런 말을 하지 않을 수가 없게 된다.

　　"저것 봐! 저 사람은 저렇게 어려운 상황 속에서도 노력으로 꿈을
이뤄냈는데, 너는 왜 더 열심히 하지 못하니?"

　　"너는 텔레비전에 나오는 저 아이보다 훨씬 좋은 환경에서 살고 있
는데, 왜 더 노력을 안 하는 거야? 너도 열심히 하면 저렇게 될 수 있는
데!"

그런데 이런 말들은 한 가지 기본 전제를 깔고 있다. 그것은 바로 "지금 현재 너는 노력하고 있지 않다." 즉, "너는 노력하지 않는 사람이다"라는 전제다. 과연 상대에 대한 폄하를 전제하고 있는 이런 말이 학생의 행동 변화에 정말 도움이 될까?

대부분의 학부모나 교사들은 이런 '비교를 통한 노력 강요'가 학생들을 분기시킬 것이라 생각한다. 비교열위의 말을 들은 학생이 분기탱천하여 갑자기 공부를 하게 되면 모르겠지만, 문제는 인간의 행동이라는 것이 그렇게 쉽게 바뀌질 않는다는 데 있다. 오히려 학생들은 폄하적 비교를 당하고도 분기되지 않는 자신의 모습을 목격하게 되고, 그런 상황이 자꾸 반복되다보면 스스로에 대한 부정적 자기 인식이 축적되어 간다. 자신에 대한 인식이 행동에 얼마나 큰 영향을 끼치는지 안다면 절대 비교하고 폄하하는 말을 쉽게 할 수 없을 것이다.

:: 행동 유발의 두 가지 조건

기본적으로 어떠한 행동이 발생되기 위해서는 반드시 두 가지 조건이 필요하다. 첫째는 행동을 발동시키는 이유(동인), 둘째는 시작된 행동을 지속시킬 수 있는 상태이다. 여기서 말하는 상태는 신체, 심리, 환경, 가치적 상태를 말한다.

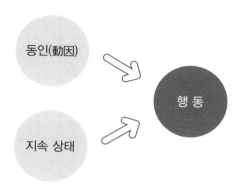

　제아무리 대단한 노력왕이라도 나에게 맞는 정확한 동인(動因)과 질 좋은 지속 상태 없이 과업을 수행하는 사람은 없다. 그리고 이 두 가지 조건은 개인차에 따라 다양하게 나타난다. 따라서 이 두 가지 조건에 대한 개인차를 꿰뚫어볼 수 없는 사람이 타인을 지도하거나 자신을 변화시키려 한다면, 당연히 벽에 부딪힐 수밖엔 없다.

　예를 들어 동인에 대해 한번 생각해보자. "노력을 해야 하는 이유가 없는 사람이 과연 있을까?"라고 하면 얼핏 그럴 사람이 없을 것 같아 보인다. 대개는 '누구나 다 성공하고 싶고, 돈도 벌고 싶고, 윗자리에 올라가고 싶고, 날씬해지고 싶어 한다. 그러니 이유는 모두가 똑같이 갖고 있는 게 아닐까'라고 생각하는데, 그런 막연한 사고방식에서 교육과 자기계발에서의 숱한 오류가 발생한다.

　그런 관점을 가진 사람들은 성공하지 못한 사람, 살 빼지 못한 사람, 공부 못하는 사람, 남보다 윗자리에 오르지 못한 사람은 충분히 노력해야 할 이유가 있는데도 그것을 관철해내지 못한 나태한 게으름뱅이로 볼 수밖엔 없다. 그러나 타인에 대한 이해 없이 눈에 보이는 것만 가지고 하는 평가의 남발은, 역설적으로 그 자신이 형편없는 사람이라는 걸 증명할 뿐이다.

상황, 환경, 신체/심리적 조건, 살아온 역사 등등, 사람에 대한 분석을 귀찮아하는 게으른 지도자들일수록 쉽게 남발하는 것이 바로 평가다. 진짜 노력하는 지도자일수록 평가를 함부로 하지 않는다. 교육자건 경영자건 지도해야 할 대상을 만났을 때 가장 먼저 해야 할 일은 평가가 아니라 관찰이다. 그리고 그 관찰에는 절대로 평가적 시각이 개입되면 안 된다.

:: OX형 판단 vs 정도형 판단

"저 녀석은 공부 잘해야 할 이유가 충분한 녀석인데도, 놀러 다니기 바쁘던데?"

"나는 정말 살을 빼고 싶다고 생각하는데 늘 다이어트에 실패하는데요?"

우리가 흔히 하는 이런 얘기는 얼핏 당연한 반박인 듯 보이나, 사실은 전혀 그렇지가 않다. 정도(程度, Degree)라는 개념이 빠졌기 때문이다.

어떤 사안을 바라볼 때 〈있다—없다, 맞다—틀리다〉의 OX형 틀로 바라보면 진실에 다가가기 힘들다. 그래서 유능한 지도자는 OX형이 아니라 정도를 판단하려는 자세를 가진다.

"학생은 공부 잘해야 할 충분한 이유를 가지고 있다. 공부는 몸이 아니라 정신으로 하는 것이기 때문에 스포츠만큼 조건 차이가 크지 않다." 단지 이렇게만 보면 공부를 못하는 학생들이 무조건 한심스럽게 보일 수밖에는 없다. 명문대 합격생과 비교하여 눈앞의 학습자를 마음껏 폄하할 수 있는 이유는, 명문대생과 이 학습자가 서로 동등한 수준의 동인을 보유하고 있다고 여기기 때문이다. 그러나 이는 마치 모든 야구 선수가 똑같은 배트를 들었으므로 같은 타율이 나와야 한다고 하는 얘기와 다를 바가 없는 사고다.

어려서부터 받은 과도한 경쟁교육의 영향인지 우리는 타인에 대한 평가를 매우 빨리 내리는 경향이 있다. 공부를 못하는 사람에게는 "게으르고 나태하다." 살찐 사람에겐 "식이조절도 자기관리도 못하는 의지박약"이라는 평가가 금방 튀어나간다. 물론 여기에는 '비교우위'에 목을 매는 우리 사회의 경도된 분위기도 한몫을 하고 있다.

그러나 평가는 단순하지 않은 일이며 교육학 내에서도 교육 평가는 가장 힘든 분야로 얘기된다. 교사에게도 가장 힘든 업무가 평가다. 한 사람의 능력을 평가하는 일은 시험 점수 매기는 것보다 천만 배는 어렵다. 성공한 사람에게 박수를 보내는 건 빨리 결정해도 좋은 일이다. 그러나 실패한 사람에게 손가락질하는 것은 빨리 할 것도 아니고 그렇게 간단한 문제도 아니다.

특히 변화 교육에 있어서는 더더욱 그러하다.

노력왕들과
우리의 진짜 차이

:: 노력왕들이 우리에게 줄 수 있는 것

어떤 일이 잘 안된다면 그 이유는 두 가지일 것이다.

① 그 일을 잘하는 데 필요한 정보가 없다.
② 잘못된 정보를 옳다고 믿고 있다.

'노력'이라는 관점에서 보면, 일명 '노력왕 예찬'이라고 할 수 있는 기
존의 콘텐츠들은 이 두 가지 문제점을 해결해주기는커녕 오히려 악화
시키는 경우가 많다.

일단 노력의 강도를 높이는 데 필요한 신체적, 심리적 정보를 깊이 담고 있는 콘텐츠가 너무 없다. 최소한 노력을 하지 않던 시절과 노력한 이후의 차이라도 세세히 분석해주면 꽤 도움을 얻을 수 있을 텐데 그에 대한 내용을 담고 있는 콘텐츠도 거의 없다. 대부분은 그냥 어떤 시점에서 찾아온 '순간적 각성'이 자신을 빛나는 노력의 길로 이끌었다는 식이다. 그러나 이 세상에 순간적 각성으로 단번에 바뀌는 인간은 없다.

물론 노력왕들의 이야기에서 얻을 것이 하나도 없는 건 아니다. 일단 '자극'을 받을 수 있고, 노력의 기준선을 높일 수가 있다. 예를 들어 하루에 18시간씩 공부했다는 고시 합격생의 수기를 읽고 난 이후라면 하루 5시간 공부해온 자신이 부끄러워질 수 있다. 그래서 공부시간을 배 이상으로 늘리지는 못한다 해도 5시간 공부에 만족하는 일은 줄어들게 된다. 따라서 노력왕들이 우리에게 끼치는 영향력은 다음 두 가지로 요약된다.

① 더 노력해야겠다는 감정적 고양
② 자신의 낮은 노력 기준선에 대한 반성

기존의 노력 콘텐츠에서 얻을 수 있는 것은 사실상 이 두 가지가 전부라고 봐도 무리가 없다. 그러나 이 정도 자극만으로 우리 삶이 극적으로 변하기는 어렵다. 우리와 노력왕들의 근본적 차이가 무엇인지는 여전히 미지수로 남기 때문이다.

물론 많은 이들은 "저 노력왕도 사실 나와 별로 다르지 않아요. 그렇지만 피나는 의지와 노력으로 저 위치까지 가신 분들이죠!"라고 반박할 것이다. 그럼 이렇게 반문해보자.

"정말 다른 게 없다면 지금 당장 노력왕처럼 해보시지요?"

노력왕들과 우리는 분명히 다르다. 다르니까 행동의 결과값이 다른 것 아닌가. 지금 당장 노력왕과 똑같이 행동할 수 없다면 무언가가 다른 것이 있는 것이다. 따라서 진정한 변화를 원한다면 그와 내가 다른 것이 무엇인지를 찾아내는 것이 중요하다.

우선 전제되어야 할 것은 이 '다르다'는 말은 결과를 차별적 조건의 탓으로 돌리기 위한 것이 아니라는 것이다. 역도에서 좋은 성적을 내기 위해선 정신력도 있어야 하지만 체계적인 근육의 양성이 필요하다. 역도선수 장미란과 동등한 정신력을 가진 사람이라도 갑자기 장미란과 똑같은 무게를 들 순 없다. 여기서 차이를 언급하는 것은 변명을 하기 위함이 아니라, 행동의 원인을 정확하게 파악하기 위한 것이다.

:: 노력왕들과 나의 첫 번째 차이

그렇다면 자서전을 펴내는 노력왕들과 우리의 차이점은 대체 무엇일까? 여러 가지를 들 수 있지만 그중 가장 먼저 꼽을 수 있는 것은 처해 있는 '상황'이다.

힘든 행동을 지속해 나가기 위해선 그것을 해내야만 하는 이유(동인)가 필요하다. 그런데 이유는 반드시 상황에서만 유발된다. 어떠한 일을 잘하거나 많은 노력을 투여하는 이들은 반드시 그걸 해야만 하는 "상황에 처해 있는 사람"들뿐이다. 따라서 굳이 "공부를 잘 해야 할 상황"에 처해 있지 않은 학생에게는 어떤 방법으로도 공부를 하도록 만들 수 없다.

만일 지도자가 이 '상황 원리'를 이해하지 못한 채 학습자에게 접근할 경우, 서로 힘들어지기만 할 뿐 성과의 개선은 기대하기 어렵다.

물론 여기에도 반박하는 사람들이 있을 것이다. 우리 주변을 보면 그다지 절박한 상황이 아닌데도 대단한 노력을 하는 이가 있는가 하면, 꽤 절박해 보이는데도 무사태평 세월을 낭비하는 사람도 있기 때문이다. 그러나 그건 어디까지나 제삼자의 시각일 뿐이다. 밖에서 보는 바다와 잠수해서 보는 해저 안의 모습이 전혀 다른 것처럼 인간 내면 역시 마찬가지다.

:: 비교해야 할 것은 노력이 아니라 상황

그런 의미에서, 교사가 자기 학생에게 명문대 합격생을 본받으라는 말을 주저 없이 할 수 있는 이유는 "네 상황과 명문대 합격생의 상황은 비슷하다"라는 생각을 갖고 있기 때문이다. 얼핏 보면 학생이라는 상황은 두 사람이 비슷해 보일 수도 있다. 그러나 "너는 왜 공부를 안 하지? 너야말로 정말 열심히 해야 되는 녀석인데"라고 하는 건 어디까지나 타인의 생각일 뿐이며, 실제 당사자가 인식하고 있는 본인 상황은 전혀 다른 문제가 된다. 상황은 절대 객관적일 수 없으며, 우리에게 영향을 미치는 것은 남이 아니라 오직 '내가 인식하고 있는 나의 상황' 일 뿐이다.

간혹 대단히 성공한 일류 스포츠 선수들이, 은퇴 후 급격하게 살이 찌는 경우를 볼 수 있다. 최고의 자리에 오른 스포츠 선수들의 정신력은 의심할 여지가 없다. 그러나 그들도 은퇴를 하고 나면 마구 살이 찌곤 한다. 이는 더 이상 철저하게 체중을 관리해야 하는 상황에 처해 있

행동에는 이유가 필요하다.

이유는 상황(Situation)에서 나온다.

능력이나 정신력의 차이가 아니라
처해 있는 상황의 차이일 뿐

지 않기 때문이다. 결국 행동 결과값을 만들어내는 것은 의지나 정신력이 아니라 바로 상황(상황인식)이다.

나태와 무절제는 누구나 한번쯤은 겪게 되는 경험이다. 그런데 그 해악과 피해가 최악으로 치닫는 걸 막아주는 제어장치가 바로 '상황에 대한 인식'이다. 예를 들어 고혈압이 심한 사람이 눈앞에 맛있는 고기 요리를 뿌리치게 만드는 것은, 그 음식이 몸에는 독이 된다는 상황 인식이 머릿속에 심어져 있기 때문이다. 만일 그가 자신의 혈압 정보를 알지 못하는 상황이었다면, 주저 없이 양껏 먹었을 것이다. 이것은 정신력의 문제가 아니다. 똑같은 정신력을 가진 사람이라도 가지고 있는 상황 정보에 따라 행동은 이렇게 큰 차이를 나타낸다.

노력 행위 역시 마찬가지다. 노력(努力)은 어떤 일을 이루기 위해 어려움이나 괴로움 등을 이겨내면서 애쓰거나 힘을 쓰는 것이라는 단어의 뜻에서도 드러나듯이 '행하기 힘든' 일이다. 더구나 뭔가를 성취하는 단계까지 이르도록 하려면 아무것도 하지 않는 것보다 압도적으로 힘들다. 따라서 '나는 이걸 꼭 해야만 하는 상황이다. 하지 않으면 안된다'는 절대적 상황인식이 없다면 그 누구도 제대로 노력하기가 어렵다.

연예 프로듀서이자 가수인 박진영 씨는 17년 간 매일 9시 20분부터 11시 20분까지 정확한 시간에 운동을 해왔다고 한다. 이는 참으로 훌륭한 일이다. 그러나 17년간 운동한 박진영 씨에 비해, 17년 간 운동을 전혀 하지 않은 배 나온 대학 교수가 더 의지력이 떨어진다고 할 수 있을까? 당연히 그건 말도 안 된다. 연예계 종사자가 가지는 외모에 대한 상황적 가치와, 대학 교수의 그것은 전혀 다르다. 패티김 씨는 식사량을 조절하기 위해 수십년 간 복대를 차왔다고 한다. 그렇다면 똑같이 복대로 뱃살을 조절하지 못한 대한민국 주부들은 다 무절제하다고 비난할 수 있는가. 그렇지는 않다. 패티김은 외모를 가꾸는 것이 필수라고 생각하는 연예인이고, 우리 어머니들은 그런 연예인이 아니기 때문이다.

박진영, 패티김 씨는 그렇게 해야만 하는 필요가 절실한 상황(직업 연예인)에 처해 있는 사람들이다. 운동을 해야겠다는 의지를 발동시킨 것, 그리고 운동을 쉬고 싶다는 나태함에 제동을 건 가장 근본적 동인은 그들이 처해 있는 직업적 상황이었다. 그리고 그건 평범한 우리에겐 없는 것이다.

:: 상황인식에 대한 오해

물론 연예인이라고 해서 모두 박진영, 패티김 씨처럼 철저히 몸매 관리를 해내진 못한다. 같은 연예인임에도 몸매 관리를 전혀 못하는 사람도 있다. 그런 사람들과 이 두 사람을 비교해 보면 상황이라는 것이 별로 중요하지 않은 듯 보일 수도 있다. 그러나 사실은 그렇지가 않다.

우리는 간혹 입으로는 "나는 살 빼야 돼, 다이어트해야 돼!" 수없이 얘기하면서도 전혀 식이조절을 못하는 사람을 보곤 한다. 언뜻 보면 이렇게 말하고 다니는 사람은 살을 빼야 하는 자신의 상황을 잘 인식하고 있는 것처럼 보이는데, 그건 오해에 불과하다. 표현과 마음이 항상 일치하는 것은 아니기 때문이다. 교사에게 매를 맞으면서 "다신 안 그럴게요!"라고 말하는 말썽꾸러기 학생들을 생각해보라. 진짜 두 번 다시 문제를 일으키지 않던가?

[상황인식에 대한 오해 1]
상황이 같으면 인식도 같다:
처한 상황이 비슷하다고 상황인식까지 꼭 같은 건 아니다.

[상황인식에 대한 오해 2]
의식과 말은 일치한다:
말로 의지를 표현한다고 해서 그것이 진정한 상황인식은 아니다.

그런데 가끔 방송을 보면 눈물까지 흘리면서 살을 빼고 싶다고 애절하게 말하는 출연자가 나온다. 눈물을 펑펑 쏟을 정도면 그냥 말로만 하는 표현이 아닐 텐데, 이런 사람은 상황의 인식이 달라서 실패했다고는 볼 수 없는 게 아닐까? 라고 물을 수도 있다. 그러나 여기에도 함정이 있다.

우리는 특정 대상에 대해 한 가지 통일된 인식을 가지는 경우도 있지만 반면에 복수의 서로 다른 인식을 가지는 경우도 있다. 예를 들어 눈물을 흘리며 살을 빼거나 도박을 끊고 싶다는 의지를 토로해도, 의식의 다른 한편에서 '굳이 그렇게까지 할 필요가 있겠어?'라는 인식이 얼마든지 함께 존재할 수 있다. 서로 상이한 상황판단이 혼재되어 있는 상태라면 실제 행동에 보다 큰 영향을 끼치는 건 순간적 만족에 보다 가까운 쪽이다.

> **[상황인식에 대한 오해 3]**
> 상황인식은 한 가지뿐이다:
> 상황인식은 한 가지만 존재하는 것이 아니다.

이 세 가지 오해와 함께, 우리가 가장 놓치기 쉬운 것이 바로 상황인식의 절박성 정도다. 살을 빼야 한다는 상황인식 그 자체를 갖지 않은 사람은 거의 없을지 몰라도, 그 절박성은 사람마다 천차만별로 다르다. 예를 들어 겉으로 보기엔 똑같이 살을 빼야 된다고 말하는 사람이라도 정도의 차이는 분명히 있다.

A. 살을 안 빼면 확실히 엄청난 피해를 본다.
B. 살을 빼면 좋겠지만 안 뺀다고 당장 삶에 영향을 주는 것은 아니다.

사람에 따라 A처럼 생각할 수도 있고, B처럼 생각할 수도 있다. 당연히 A의 상황인식을 가진 사람은 다이어트에 성공하고, B의 생각을 가진 사람은 실패할 확률이 높다. 그러나 A의 경우가 B의 생각을 가진 이보다 반드시 정신력이 뛰어난 사람이라고는 이야기할 수 없다.

여기서 중요한 것은 행동에 큰 영향을 끼치는 건 정신력보다 상황에 대한 판단의 과정이라는 사실이다.

:: 상황인식의 정도는 왜 차이가 나는가?

그럼 여기서 궁금해지는 것은 객관적으로 아주 흡사한 상황에 처해 있는 사람들 간에도 왜 상황인식의 차이가 나느냐 하는 점이다. 똑같이 120킬로의 체중이 나가는 두 사람이 있어도, 한 사람은 '이젠 빼지 않으면 끝장이다!'라고 상당한 위기의식을 갖는 반면 다른 이는, '빼긴 빼야 하지만 뭐…'라는 극히 낮은 위기의식을 갖기도 한다. 똑같은 체중에 똑같은 정신력을 가진 사람이라도 이렇게 상황인식이 다르면 1년 뒤 둘의 몸무게는 반드시 차이가 나게 된다. 그렇다면 이런 인식 차이는 왜 발생을 하는가?

상황인식에 영향을 미치는 가장 큰 요소는 역시 목적의 현실성이다. 우리가 어떤 행동을 하려 할 때 우리 마음은 크게 두 가지 목적을 인지한다.

A. 이 행동을 했을 때 얻을 것

B. 이 행동을 하지 않으면 잃게 될 것

이 두 가지 목적이 제대로 인지되지 않으면 우리는 그 행동을 하기가 매우 힘들어진다.

배우 크리스천 베일은 60킬로 정도의 무게를 늘렸다 뺐다 고무줄처럼 조절해낸다. 어떻게 그것이 가능한가. 그의 정신력이 남다르기 때문인가. 그보다는 여타 다른 일반인과는 달리 그에게는 다이어트를 했을 때 얻을 것과, 안했을 때 잃을 것이 몹시 현실적이고 실체적인 것이기 때문이다.

A. 살을 빼면 ⇨ 배역을 딴다. 수입이 늘어난다.

B. 살을 못 빼면 ⇨ 배역을 못 딴다. 수입이 줄어든다.

크리스천 베일에게 다이어트는 당장 눈앞에 보이는 현실이고 실체이다. 반면 우리들은 어떨까?

연예인도 아니고 직업과 직접적 연관성도 없는 일반인이 당장 살을 못 뺀다고 직업이나 생활에 타격을 입을 일은 없다. 반면 고통스럽게 살을 빼서 얻을 것이란 게 크리스천 베일의 배역처럼 현실성 있는 보상이 아니다. 이성의 관심을 받을 수 있다던가, 건강이 좋아질 것이라는 성과를 예상해볼 수 있지만 있지만, 그건 어디까지나 현실이 아니라 미래에 상정되는 가상의 이익일 뿐이다. 살을 빼면 애인이 생길 확률이 높아지기는 하겠으나, 어느 멋진 이성이 '20킬로 빼면 사귄다'라고 약정을 하지 않은 다음에야 살 뺀다고 꼭 애인이 생긴다는 보장은 없다. 건강은? 마찬가지다. 살을 뺀다고 꼭 건강해진다고 장담할 수 없고, 또 건강해진다고 해서 식도락을 포기한 내 인생이 더 행복해질 것이라는 장담은 더더욱 할 수가 없다. 이런 정도의, 그럴 수도 있고 아닐 수도 있는 가상의 성과물로는 결코 절박한 상황인식이 성립될 수가 없다.

이것이 노력왕들과 평범한 사람인 우리들의 가장 기본적인 차이점이다. 우리가 노력왕들에게 일차적으로 달리는 것은 정신력이 아니라 서로 다를 수밖에 없는 상황(상황인식)이었다.

이처럼 처한 현실 자체가 근본적으로 다르기에, 유명 노력왕과 일반인을 단순 비교하는 것은 자기계발에 거의 효과가 없는 방법이다. 따라서 우리는 노력왕의 이야기에 귀 기울이는 것보다, 우리가 처한 상황, 그리고 그 상황을 인식하는 나의 내면을 먼저 주목해봐야 한다.

우리가 어떤 행동을 하지 못하는 이유

A. 그 행동을 해서 얻을 것
B. 그 행동을 하지 않아서 잃을 것
이 두 가지가 확실한 것이 아니기 때문이다.

⇨ 얻을 것이 확실한 사람과 그렇지 않은 사람을 단순 비교하는 것은 어리석은 짓이다.

물론 그렇다고 노력하지 않는 사람들을 무턱대고 비호만 할 수도 없다. 인간의 모든 판단에는 오류의 가능성이 있기 때문이다. 특별한 이유도 없이 만성 고도비만 상태를 유지하거나, 아무런 비전도 없이 무작정 학교를 빠지는 청소년들에게 무조건 "너희들의 상황 판단을 존중한다" 고만은 할 수 없다. 필요하다고 판단되는 경우 학습자의 상황인식을 바꾸는 작업을 해야만 한다.

이것은 자기계발을 할 때도 마찬가지다. 만일 나 자신이 만족스러운 노력을 하지 못한다고 했을 때 '내 정신력에 문제가 있는 것은 아닐까?'라는 의구심보다, '내 상황인식은 어떤 것일까?'라는 의문을 우선적으로 가져야 한다. 상황인식이라는 1차 단계를 간과한 상태라면 무슨 뾰족한 수를 쓴다 해도 강한 정신력은 발생되지 않는다.

상황인식을 간과하면 교육도, 자기계발도 실패할 수밖엔 없다.

:: 남의 노력 성공담은 효과가 없다

"노력왕들이 대단한 행동을 하는 건 그들이 뛰어난 정신력의 소유자여서가 아니라 단지 일반인과는 다른 성격의 상황인식을 가지고 있기 때문이었다."

이 말은 결코 유명 노력왕들을 폄하하기 위한 것이 아니다. 단지 "왜 노력왕의 이야기를 받아들여도 내 행동이 그와 같아지지 않는가?"라는 물음에 대한 해답 중 하나로 제시하는 것이다. 노력왕들의 이야기는 책으로, TV 프로그램으로 많이 다루어지고 수많은 사람들이 그들의 이야기에 감동을 받고 그들을 따라 해보려고 마음먹지만, 노력왕들의 조언이 사람들을 크게 바꾸지 못한 것은 명백하다.

물론 모든 노력왕들의 조언이 다 효과가 없는 것은 아니다. 들어서 효과 있는 조언도 분명히 있다. 그렇다면 대체 효과 있는 조언과 없는 조언의 차이는 무엇일까?

일단 효과 없는 조언만 하는 노력왕들의 특징은 쉽게 알 수 있다. 그들은 대개 타인의 문제점을 지나치게 단순화시키는 경향이 있다. 일부 노력왕들은 모든 문제를 개인의 의지, 정신력 차원으로만 몰아간다. 그러면 대놓고 말하지 않아도 결론적으로는 자신처럼 해내지 못하면 의지박약한 게으름뱅이라는 이야기가 될 수밖엔 없다. 자신의 성공이 오직 의지력 때문이었다고 말하는 노력왕이 있다면 그는 결국 이 말을 하고 있는 것이다.

교육을 망치는 데 학습자에 대한 폄하만큼 확실한 것은 없다. 뚱뚱한 사람들이 많이 먹는 것, 성적 낮은 학생이 공부를 하지 않는 것은 생각만큼 그렇게 간단한 문제가 아니다. 기본적으로 상대방의 괴로움을 해결해주고자 하는 마음을 가지고 있다면 가장 먼저 가져야 할 태도는, 상대의 문제를 단순한 것으로 폄하하지 않는, 그리고 자신의 성공 요인을 너무 자기중심적으로 단정짓지 않으려는 마음가짐이다.

겸손하지 않은 사람은 남에게 자극은 줄 순 있어도, 변화를 주기는 어렵다.

:: 노력의 공식

행동에 차이를 부르는 사람 간의 차이는 상황인식만 있는 건 아니다. 또 하나 우리가 간과하는 차이가 있는데 바로 역치(threshold concentration, 欺値: 생리학적 용어로, 인간의 감각기관이 감지할 수 있는 최소한도의 자극량을 뜻한다. 그러나 이 책에선 단어의 뜻을 정신적 차원까지 확대해 적용했다)이다.

흔히 우리가 노력이라고 부르는 행위는 반드시 고통이 따른다. 식사를 줄이고, 힘든 운동을 하고, 공부를 하는 것 등, 우리가 흔히 노력이라 부르는 행위들은 거의 대부분 괴로움을 불러일으킨다. '노력 행위가 괴로움을 발생시키느냐, 아니냐'만 놓고 보면 대부분의 경우가 발생되는 쪽에 속할 것이다. 그러나 겪게 되는 괴로움의 '정도'라는 주제로 질문을 바꿔보면, 그렇게 간단히 "노력은 누구에게나 똑같이 힘든 거지"라는 말은 할 수 없게 된다.

공부는 누구에게나 힘든 일이다. 공부 천재들도 공부하기가 고통스러웠다는 말을 하는데, 그 얘기가 거짓은 아닐 것이다. 그러나 문제는 '괴롭다 VS 괴롭지 않다'가 아니라 얼마만큼 괴로운지, 혹은 어느 정도 수준을 괴롭다고 느끼는지에 대한 '정도'이다. 수학이 하기 싫기는 해도 '짜증 난다' 정도의 감각을 느끼는 사람이 있는가 하면, 수학 공식만 봐도 숨이 막히는 듯한 불편감을 느끼는 사람이 있다. 대부분 노력왕들의 조언에는 바로 이렇게 사람마다 천차만별일 수밖에 없는 감각

역치에 대한 고려가 빠져 있다.

사람들은 보통 결과를 통해 노력의 양을 평가한다. 결과가 좋으면 노력을 많이 했다, 결과가 나쁘면 노력을 덜 했다라는 식인데, 당연히 이는 논리적으로 말이 안 되는 얘기다. 수능 전국 500등을 한 학생이 전국 100등을 한 학생보다 노력을 적게 했다고 어떻게 단정할 수 있을까.

수학적 사고로 계산하자면 노력의 양은 결과적 성과라는 변수로만 계산할 게 아니라, 그 일을 하는 데 겪게 되는 저항(고통)을 반드시 고려해야 한다. 이것을 간단하게 수식으로 표현하면 다음과 같다.

노력의 양 = 물리적 성과 + 저항 고통

이처럼 설사 가시적인 성과가 적다고 할지라도 그 일을 해내는 데 어렵고 고통스런 조건을 가진 사람이라면 그가 해낸 노력의 양은 재평가되어야 한다.

그런데 문제는 많은 경우 우리는 저항 요소가 무엇인지 정확히 짚어내질 못한다는 데에 있다. 대부분 사람들은 막연하게 신체적 장애나 경제적 열악함 등 눈에 보이는 것들만 저항 요소라고 인정해버린다. 눈에 보이는 것만 존재라고 인정하게 되면 "저 아이도 하는데 너는 왜 못하니?"라는 식의 말이 나올 수밖에 없다.

그러나 저 아이와 이 아이는 겉으로 보이는 이상의 큰 차이가 있다. 그런 차이를 과소평가하지 않는 것이 올바른 능력 계발의 첫 걸음이다. 이것을 모르면 첫발이 막힌 길로 향할 수밖에 없다.

:: 차이는 역치에 숨어 있다

"여러분 자녀와 전교 1등을 하는 아이의 차이는 상상 이상으로 큽니다."

학부모들에게 이렇게 말한다면 엄청난 항의와 반발이 빗발칠 것이다.

"우리 아이가 대체 뭐가 그리 뒤떨어진단 말인가?"

"노력하면 잘할 수 있는 아이인데 안 해서 차이가 날 뿐이다!" 등등.

그러나 여기서 말하는 차이들은 절대 '재능'의 차이가 아니다. 공부건 업무건 현장에서 교육을 하는 코치들이 이구동성으로 하는 이야기는, 사람의 타고난 재능(=지능)은 거의 대차가 없다는 것이다. 공부로 예를 들면 이해력, 판단력, 암기력 등은 실상, 상위권과 하위권 학생이 실제 성적만큼 큰 격차가 나지 않는다.

차이는 역치에 숨어 있다. 눈으로 드러나는 결과 차이는 재능이나 의지의 차이가 아니라 저항감의 역치 차이인 경우가 대부분이다. 그러나 많은 교육자들은 이 중요한 주제를 무시하거나 오도한다. 특별한 신체적 차이가 없다면 이 역치의 차이를 게으름이나 나태함 등으로 간단하게 치부한다. "공부란 누구에게나 다 힘든 거야. 네가 참고 이겨내는 수밖엔 없단다"라는 이야기에서 단 한 발짝도 벗어나지 못하는 교육자들 때문에, 오늘도 수많은 학생들이 억울한 평가에 따른 불이익을 당하고 있다.

물론 노력왕들 중에 자신이 겪었던 저항, 고통이 타인보다 적었다고 말하는 이는 거의 없을 것이다. 그러나 이 세상 사람들 얼굴이 모두 다른 것처럼, 한 사안에 대한 저항과 고통에 대한 역치가 똑같은 사람 역시 없다. 우리는 모두 다 서로 다른 공부, 운동, 금식(禁食)에 대한 저항 역치를 가지고 있다. 노력왕들이 이 차이를 언급하지 않는 것은, 이들의 충고가 나도 해냈으니 당신도 할 수 있다는 단순한 논리에 기반하고 있기 때문이다.

'저 사람처럼 노력하기' 위해선 일단 당사자가 '저 사람'처럼 되어야만 한다. 저 사람처럼 된다는 것은 저 사람처럼 노력함과 동시에 그와 비슷한 수준의 저항 역치를 갖는다는 얘기다. 우리가 덜 고통스러운, 즉 효율적인 교육과 자기계발을 해나가고 싶다면, 강요나 다짐 같은 이미 무수히 실패해온 1차원적 방법을 넘어서, 노력을 할 때 맞닥뜨리게 되는 저항을 없애거나, 그 수준을 조정하는 작업을 먼저 해야만 한다.

물론 그러기 위해선 저항을 불러일으키는 요소, 즉 우리 안에 내재되어 있는 "노력하지 않아도 되는 이유"가 무엇인지부터 정확히 알아야 할 것이다.

노력을 분석하려는
노력은 왜 하지 않지?

:: 단순한 정의가 일을 그르친다

우리는 어떤 사안에 대해 충분히 잘 알고 있다고 생각하지만 따지고
보면 그렇지 않은 경우가 많은데, '노력' 역시 그러하다. "노력~ 노력~
" 노래를 부르지만, 과연 우리는 노력이 무엇이고, 노력이 무엇으로 구
성되어 있는지 얼마나 잘 알고 있을까?

예를 들어 길가는 사람 붙들고 "사과가 뭔지 아느냐?"라고 물어보
면 모른다고 할 사람은 없다. 그러나 사과를 안다고 말하는 일반인 중
에 실제 사과를 만들어낼 수 있는 사람은 거의 없다. 먹는 입장에서
"사과를 안다"고 하는 것과 만드는 입장에서 "사과를 안다" 고 하는 것

은 전혀 다른 문제이다. 사실 우리가 사과에 대해 진짜 아는 것이라고는 그것의 생김새와 맛, 영양이 많다는 것 정도다. 물론 과일 사업을 하지 않는 이상 사과의 실체에 대해 그 이상 알아야 할 필요가 없다. 그런데 만일 대상을 사과가 아니라 '노력'으로 바꾸면 어떨까?

사과를 모른다고 말하는 사람이 없는 것처럼, 노력이 뭔지 모른다고 하는 사람 역시 없다. 그러나 실제 우리가 노력 자체에 대해 알고 있는 정보의 수준이 과연 사과에 대해 알고 있는 것보다 더 많을까? 많은 사람들이 "노력이 인생에서 가장 중요한 것!"이라 외치고 다닌다. 그런데 실제 "노력이란 게 대체 뭔가요?"라고 물어봤을 때 돌아오는 답변이란 '열심히 하는 것'정도이다. 이 정도라면 "사과는 과일입니다"라는 답변과 그 수준이 전혀 다를 바가 없다. 그토록 중요하다는 노력이 무엇인지 대해서는 왜 "열심히 하는 거지 뭐"라는 것 이상으로, 더 깊이 파고들지 않을까?

어떤 대상에 대해 우리가 언어로 된 정의를 내리는 이유는, 그 존재를 더 잘 활용해나가기 위함이다. 형식적인 정의는 사실 크게 필요한 게 아니다. 그러나 사전적 정의를 넘어서, 자신만의 발전적이고 유의미한 정의를 가지지 않으면 그 주제에 대해선 한 발짝도 앞으로 나아가지 못하게 된다.

:: 노력의 핵심은 '저항 요소'에 대한 이해

노력에 대해 사전에 나와 있는 정의는 "목적을 이루기 위하여 몸과 마음을 다하여 애를 씀" 혹은 "힘을 들여 일함"이다. 물론 우리에겐 이런 사전적 정의가 필요한 건 아니다. 사실 이 사전적 정의에는 노력에 있어 가장 중요한 요소가 포함되어 있지 않은데, 그것은 바로 '저항'이다.

공부건 운동이건 우리가 마음속으로 어떤 행동을 해야 되겠다 생각하면서도 해내지 못하는 이유는, 그 행동의 구현을 막는 물리적, 심리적 저항 때문이다. 이 저항이 왜 발생하는지, 또 저항을 만드는 요소가 무엇인지 정확히 파악하지 못하기 때문에 노력에 대한 오해가 시작된다. 그래서 저항 요소를 파악하지 않은 상태에서라면 아무리 노력왕을 추종해봐야 무의미한 맹종으로 끝난다.

유능한 교육자는 한결같이 학습자의 노력을 막는 저항 요소가 무언지 정확하게 인식하고 있다. 반면 무능한 교육자는 그것을 모르거나, 모호하게 인식하고 있다. 예를 들어 성적이 낮은 학생이 공부에 대해 가지고 있는 저항감의 형태와 강도는 개인별로 다양하기 마련이다. 따라서 교육자는 해당 저항의 유형을 정확하게 인식하고 그에 맞는 기법을 활용해야 한다. 그러나 많은 교육자들은 그렇게 하는 대신에 무조건 강제하거나 미래에 대한 위협을 활용하거나, 아예 포기한다.

이런 현상이 빚어지는 가장 큰 이유는 근본적으로 무지해서 아니라 결론을 단순하게 내리는 습관에 길들여졌기 때문이다.

공부를 왜 해야 하는가? 라는 질문에 이들은 어떤 대답을 할 수 있을까.

"꿈을 이루려면 공부를 해야 하니까."
"공부는 학생의 본분이니까."
"공부해야 성공하니까."
"인간으로서 알아야 할 지식이니까."

이런 정도의 간단한 이유로도 공부할 수 있는 사람들은 성적도 좋을 것이다. 하지만 그런 이유로는 공부에 몰입할 수 없는 학생도 있기 마련이다. 그리고 많은 교육자들은 그런 학생을 쉽게 이해하지 못한다. 교사들 자신이 이런 이유로 열심히 공부를 했거나 비교적 좋은 환경에서 별다른 문제 없이 공부에 전념해서 좋은 성적을 유지하고 교사가 된 경험을 갖고 있기 때문이다. 이런 자신의 경험으로만 판단하려 하면, 공부하지 않는 학생들을 무조건 공부해야 할 이유가 충분한데도 노력하지 않는 아이로 오해할 수밖에 없다. 그래서 많은 학생들이 말 안 듣는 아이, 머리 나쁜 아이라는 억울한 평가를 받게 된다.

그러나 실제 공부에 탁월한 능력을 보이는 학생과 그렇지 않은 학생의 능력 차이는 생각 이상으로 적다. 대부분 공부를 열심히 하는 학생들은 그들이 성숙한 생각을 가졌기 때문이 아니라 자신이 납득할 만한 이유를 더 많이 접해왔던 것에 불과하다.

어떤 사안에 대해 납득할 수 있는 이유는 사람에 따라 다르다. 자신이 납득했다고 해서 상대방도 똑같이 납득할 거라 생각해서는 안 된다. 이 사람에겐 납득할 만한 이유가 저 사람에게는 전혀 적용이 안 될 수 있다. 이를 제대로 인식하지 못하면, 천차만별로 다른 각양각색의 저항을 정확히 파악하기가 몹시도 어려울 것이다.

:: 과연 누구에게나 다 힘든 것일까?

"공부하기 싫은 건 다 마찬가지다."

공부로 성공한 사람들이 대표적으로 자주 하는 말인데, 맞는 말인 듯 보이지만 실은 전혀 그렇지 않다. 대체 어딜 봐서 다 마찬가지란 말인가?

영화를 좋아하지 않는 사람은 거의 없다. 하지만 그 좋아하는 정도는 인생 전부를 영화에 바치는 사람부터, 1년에 5편을 보는 사람까지, 커다란 격차를 보인다. 마찬가지로 공부 싫다고 하는 이들 사이에서도 그 싫어함의 정도는 천양지차로 나뉜다.

아주 어린 시절부터 공부에 대해 약한 거부감을 느껴 온 사람들은, 공부에 큰 거부감을 느끼는 이들을 쉽게 이해하기 어렵다. 이 차이를 구분할 감성이 부족한 교육자는 공부나 훈련을 안 하는 학생에 대해 '안 되는 아이'라는 식의 결론을 내릴 수밖엔 없다. 교사들은 거의 대부분 시험 공부를 잘한 사람들이기 때문에 자신과 달리 공부에 극심한 거부반응을 보이는 학생들을 이해하기 어려운 것이다.

그러나 노력에 대한 거부반응이 나태나 게으름 같은 기질적 요소에서만 비롯되는 것은 아니다. 특정 대상에 대한 심리적, 신체적 반응을 "옳다–그르다"의 관점으로 섣불리 재단하기는 어렵다. 대단히 부정적인 형태의 반응이라도 그 안에는 충분히 긍정적인 의도가 숨어 있을 수 있다.

:: 동물적 본성이 원인은 아니다

공부를 안 하는 이유에 대해 물어보면 백이면 백, "하기가 싫다", 혹은 "적성에 안 맞는다" 둘 중 하나의 답변이 돌아올 것이다. 그러나 한 발 더 들어가서 "왜 하기 싫은데?"라는 질문에 대해서는 반응이 천차만별로 갈라진다. 아마도 가장 먼저 보이는 반응은 답변보단 짜증일 것이다. "그런 걸 왜 묻느냐?" 혹은 "하기 싫은 게 당연하지 않느냐"는 식의 거부감이다.

이런 반응을 하는 이유는 정말로 하기 싫은 이유가 자명해서가 아니라 '하기 싫은' 이유 혹은 원인을 찾아가는 그 행위 자체가 '하기 싫기' 때문이다. 그래서 원인을 분석하기 귀찮아하는 사람들이 가장 즐겨 내놓는 해답이 본능, 즉 "원래 그렇다"이다. 그러나 저항의 실체를 밝히는 데 그런 간결한 태도는 별 도움이 안 된다. 〈저항감=본능〉이라는 진부한 공식에서 벗어날 때만이 새로운 교훈을 발견할 수 있다.

거부감은 실제 우리가 생각하는 것 이상으로 많은 함의를 갖고 있으며 때로는 "하면 된다" 식의 무조건적 긍정형 사고보다 더 발전적인 판단을 담고 있다. 반대로 "노력하기 싫어하는 투정 따위에 무슨 이유가 있겠는가?"라는 판단은 모든 다른 가능성을 차단한다.

이렇게 말할 수 있는 가장 기본적 이유는 사람마다 제각기 다른 가치 지향을 갖고 있기 때문이다. 예를 들어 '형편없이 성적이 낮은 학생이나 뚱뚱한 사람은 하루빨리 그 상태를 벗어나야 한다'고 생각하는 것은 어디까지나 제삼자의 관점일 뿐, 당사자가 삶의 곤란함을 느끼지 않는다면 굳이 그들이 비난받아야 할 이유는 없다. 오히려 가치 지향에 따라서는 공부로 시간과 에너지를 낭비하거나 살을 뺀다는 이유로 식도락을 포기하는 것이 삶에 큰 손해일 수가 있다. 하지만 그들의 지향이 나의 지향과 다르다고 해서 나만 옳다고 주장하거나 그들을 비난할 수는 없는 것이다.

:: 혼란과 후회는 변화의 시작

자신이 처한 상황에 대해 별다른 문제의식이 없는 사람은 그 상태를 지속해도 어쩔 수 없다. 문제는 변화를 결심했지만 자신의 욕구를 절제하지 못하는 것을 자책하는 사람들이다. 이들은 절제를 다짐했다가도 눈앞에 유혹이 오면 쉽게 마음이 흔들리고 적절한 변명거리를 찾는다.

"이 정도는 괜찮을 거야."

"가끔씩은 즐겨야 인생 사는 맛이 있는 것 아니겠어?"

이들은 이런저런 이유를 대면서 유혹과 타협한다. 그리고는 곧 절제의 실패를 자책하지만 그 후에도 유혹이 오면 다시 쾌락을 긍정하며 다시 빠져든다. 그리고 또 다시 괴로워한다. 하지만 이런 사람들에게는 희망이 있다. 교육과 변화 유도는 이렇게 어느 정도 혼란과 후회를 겪는 사람을 대상으로 하기 때문이다. 후회가 없는 인간은 변화의 대상이 되지 못한다. 자신의 행동을 후회하지 않는 사람을 변화시키는 것은 제아무리 천재적인 교육자라도 불가능한 일이다.

역으로 말하면 후회와 자책이야말로 변화와 발전의 가장 결정적 요소이다. 우리는 흔히 후회를 부질없는 것이라 생각하지만, 후회라는 동력이 없다면 결코 노력의 증진은 일어나지 않는다. 변화 교육에 있어 후회는 실로 축복과도 같은 감정이다. 우리는 우리의 변화를 위하여, 후회라는 신의 선물을 소중히 존중할 필요가 있다.

:: 후회를 소중히 여기는 사람만이 변화할 수 있다

노력에 대한 분석이 결여된 노력 콘텐츠를 읽다보면 결국 '내가 못난 건 모두 정신력, 노력 부족 때문이다'라는 결론밖엔 내릴 게 없다. 물론 이런 비분석적이고 감정적인 결론을 자신에게만 적용한다면 큰 문제는 없을지도 모른다. 그런데 그런 생각을 나보다 남에게 더 많이 적용한다면 문제가 된다. 많은 이들이 자신은 스트레스가 두려워 반성과 후회라는 소중한 과정을 회피하면서 남에게는 강력한 자기성찰을 요구한다. 남이 아닌 나 자신의 노력에 대한 분석이 이루어져야만 이런 이율배반적인 행동도 하지 않게 된다.

그동안 노력하며 살아오지 않았다면 나의 노력에 대한 분석은 몹시도 불쾌한 작업이 될 수밖에 없다. 그 불쾌한 분석 작업을 회피하지 않고 꿋꿋하게 해나갈 수 있는 원동력은 오로지 반성, 후회, 자책에서 나온다. 따라서 후회를 가벼이 여기는 사람은 결코 변화할 수 없다. "너무 심하게 자책하지 않아도 괜찮아"라는 식의 위로는 자신의 가능성에 대한 패배주의적 과소평가일 수도 있다는 생각을 해봐야 한다.

Traps of Effort

행동의 연료와
구동장치

우리는 후회에 대해 지금까지와는 다른 태도를 가질 필요가 있다. 일
반적으로 말하는 '후회해도 소용없다'는 인식에서 벗어나야 한다. 물
론 후회만 많이 한다고 내 행동이 저절로 변하거나 하지는 않는다. 하
지만 후회 그 자체는 절대 소용이 없는 것은 아니다. 후회는 변화의 필
수불가결한 동력이다.

후회를 해도 우리가 변하지 못하는 까닭은 후회 다음에 반드시 따
라와야 할 '분석'까지 나아가지 못했기 때문이다. 후회는 무의미한 것
이 아니다. 후회가 없다면 새로운 가능성이란 존재는 아예 생겨나질
않는다.

후회 다음에는 반드시 분석이 뒤따라야 한다.

후회라는 동력을 토대로, '내가 왜 그런 행동을 했는지, 내가 왜 더 노력을 하지 못했는지'에 대한 분석에 들어갈 때, 우리의 가능성은 현실로 바뀌기 시작한다.

:: 인간 행동과 자동차의 공통점

그럼 이제 중요한 것은 분석의 방법이 된다. 도대체 형편없이 한심스러운 나 자신의 노력이란 녀석을 분석하려면 어디서부터, 어떻게 시작해야 할까?

어떠한 분석이든 첫 번째는 역시 '구조 분석'이다. 일단 구조를 알아야 더 깊은 이야기를 진행해나갈 수 있다.

우리가 흔히 노력이라 말하는 행동의 구현은, 구조적으로 자동차와 매우 흡사하다. 자동차가 굴러가려면 무엇이 필요한가? 가장 우선되는 것이 연료다. 그러나 연료만 가지고는 차가 굴러가지 않는다. 연료를 에너지로 변환하고, 바퀴를 굴리게 만드는 설비 장치가 있어야 한다. 인간의 행동 역시 마찬가지다. 일단 그 행동을 발생시키는 에너지가 있어야 하고, 그 에너지가 목적했던 형태로 발현될 수 있도록 하는 신체적, 심리적 장치가 필요하다.

만일 차가 제대로 굴러가지 않는다면 연료가 없거나 아니면 기계 장치 중 어딘가가 고장이 난 경우 등의 문제를 예상해 볼 수 있다. 물론 무엇이 진짜 원인인지는 계기판이나 차 속을 들여다보아야만 알 수가 있다. 인간의 행동 역시 마찬가지다. 원하는 행동이 구현되지 않는다면 내면의 연료와 장치 중 어딘가에 문제가 생겼기 때문이다. 뭐가 진짜 문제인지는 겉만 봐서는 알 수가 없다.

주유계기판이 0인데 왜 차가 달리지 못하느냐고 화를 내는 바보는 없다. 그러나 교육 현장이나 기업 조직 같은 곳에는 의외로, 그 같은 지도자들이 많이 존재하고 있다.

:: 나는 왜 지금 마라톤 풀코스를 뛸 수 없는가?

누군가 당신에게 "지금 당장 마라톤 풀코스를 완주하라"고 하면 아마 당신은 "할 수 없다"고 대답할 것이다. 그런데 명령을 내린 사람이 당신에게 "그런 노력도 할 줄 모르는 이 한심한 게으름뱅이야!"라고 쏘아붙인다면 기분이 어떨까? 당연히 황당한 느낌을 받게 될 것이다. 그런데 많은 교육자와 조직 관리자들이 이와 크게 다를 바가 없는 행태를 저지르고 있다. 심지어 우리는 우리 자신에 대해서도 그런 짓을 한다.

일단 당장 우리가 마라톤 풀코스를 뛸 수 없는 이유는 그걸 수행해낼 신체적 능력이 안 되기 때문이지만, 사실 그 보다 더 중요한 것은

'내가 왜 마라톤을 해야 하는가?'라는 이유를 말해주지 않았기 때문이다. 노력을 강요하는 지도자들도 이와 마찬가지이다. 그들은 학습이나 훈련에 대해 자신이 갖고 있는 동기와 같은 동기를 학습자도 가지고 있을 거라 착각한다. 나와 너는 철저히 다르다는 사실을 배재하고 교육에 뛰어들기 때문에 서로 스트레스만 받을 뿐 교육의 효과는 없는 것이다.

학교건, 기업이건 가장 안일한 지도자는 자기 자신에게 효과 있는 언어로 다른 구성원을 분발시키려 하는 사람이다.

"공부해! 학창시절에 한 번 온 힘을 다해 공부해봐야 하는 것 아니겠어? 그것이 멋진 젊음 아닐까?"
"야~ 달려! 사나이라면 20킬로 정도는 주파할 수 있어야지. 그래야 남자지!"

실제로 나는 이 같은 말로 지도를 받아본 적이 있다. 아마 그렇게 말하는 그들 자신은, 이런 말로도 충분히 분기탱천할 수 있는 사람들이었을 것이다. 그러나 지도 받는 입장에선 보자면 이런 말에 자극을 받는 사람도 있긴 했으나, 반면 "유치하군!" 하며 냉소하는 사람도 있었다. "유치하군!"이라는 거부반응은 자동차로 치면 경유를 넣어야 하는 차에 휘발유를 넣어 발생하는 오류와 같다.

자동차가 움직이는 데 기계를 구동시킬 동력이 필요한 것처럼, 사람이 노력을 하는 데도 마찬가지다. 그렇다면 사람의 행동을 이끄는 동력은 무엇인가? 두 말할 나위 없이 그것은 의욕이다. 그리고 의욕이라는 동력은 자신이 인지하는 가치 지향과 상황적 필요라는 두 가지 연료에 의해 발생된다.

학습자를 교육시킬 때는 학습자에게 가장 잘 맞는 연료를 제공해줘야 하고, 자기 변화를 추구할 때도 남이 아니라 자신에게 걸맞은 연료를 섭취해야 한다. 노력왕들의 성공 스토리에 나에게 딱 맞는 연료가 존재할 수도 있지만 그렇지 않을 수도 있다. 과연 저 노력왕들은 나와 같은 가치 지향과 상황적 필요를 가지고 있는가? 그게 아니라면 그들의 이야기는 나에게 아무 도움이 안 될 공산이 크다.

그리고 자동차를 굴릴 때 연료 못지않게 중요한 것이 바로 구동 장치다. 바퀴, 엔진, 피스톤 등 기계 장치가 없다면 아무리 연료나 에너지가 많아도 소용이 없다. 장치의 핵심은 성능과 효율이다. 엔진이 노후하거나 피스톤에 노폐물이 끼여 있다면 똑같은 에너지를 가지고도 훨씬 조잡한 힘을 낼 수밖엔 없다.

사람도 마찬가지다. 비슷한 가치 지향, 상황적 필요를 가진 경우라도 실제 행동 결과는 상당히 큰 차이를 보일 수 있다. 신체적, 심리적 장치가 사람마다 다르기 때문이다. 우리는 의욕이나 에너지를 감퇴시키기도 하고, 더 불태우기도 하는 여러 장치들을 끌어안고 하루하루를 살아가고 있다.

연료주입 ⇨ 동력발생 ⇨ 구동

　이처럼 인간이건 기계건 자연이건, 세상의 모든 움직임은 '①연료주입 ⇨ ②동력발생 ⇨ ③구동'의 3요소에 의해 결정된다. 다만 자동차를 돌리는 연료와 컴퓨터를 작동시키는 연료가 다른 것처럼 인간도 사람마다 잘 듣는 연료와 장치가 서로 다 다르다. 이 개별적 차이를 잘 알아야만 한다.

:: 연료 역할을 하는 동기, 기계 역할을 하는 동기

인간의 행동을 만들어내는 연료는 동기(동인, 필요)이고, 장치 역할을 하는 건 심리적, 신체적 상태다. 이중 어떤 것은 우리의 노력을 활활 불태우는가 하면 어떤 것은 불을 꺼버리거나, 불길을 이상한 방향으로 날려버리기도 한다. 우리는 그것들 중에서 가장 먼저 우리의 긍정적 변화를 막는 연료 동기, 즉 노력하지 못하게 하는 이유, 보다 적극적으로 표현하자면 노력하지 말아야 하는 이유들을 주목해볼 필요가 있다.

　우리는 어려서부터 주변인, 교육자, 미디어로부터 엄청난 양의 동기들을 제공받긴 했다. 학교에서는 공부 잘하는 학생들만 귀여움 받고,

미디어는 출세한 이들에게 압도적으로 열광하고, 세인들은 가난한 사람들을 천대한다. 남들에게 무시당하지 않기 위해, 더 많은 부와 인기를 누리기 위해, 남을 지배하는 권력을 맛보기 위해, 얼핏 생각해보면 세상은 이 악물고 노력해야만 할 동기로 충만해 있는 것 같다.

그러나 그럼에도 우리는 아직 노력하지 못하고 있다. 왜일까? 이 세상, 그리고 우리의 내면 안에는 노력을 막는 동기들 역시 존재하기 때문이다.

"노력해라! 노력하면 성공한다!"라는 말을 외치고 듣는 것은 이제 지겹기만 할 뿐 더 이상의 효과가 없다. 지겨운 영화, 지겨운 음악이 재미없는 것처럼 지겨운 동기 역시 우리를 분기시키지 못한다. 우리는 이제 외부의 요소, 남의 말로 나를 분기시키려는 시도를 멈추고, 나의 안쪽을 더 자세히 살펴봄으로써 자신에 대한 최고의 교육자가 되어야만 한다. 그러기 위해선 가장 먼저, "지금까지 나의 노력을 막아온 가장 강력한 동기(이유)는 무엇이었을까?"라는 질문에 대한 답을 찾아야만 한다.

2

우리의
노력은
왜 지속되지
않는가

마음의 한쪽에서는 노력을 해야 한다고 주장하고, 다른 한쪽에서는 회의적으로, 굳이 그렇게 필요가 없다고 주장한다. 승리는 대부분 후자의 몫이다. 이것이 우리 내면의 현실임에도 사람들은 노력할 필요가 없는 이유, 노력을 하지 말아야 할 이유가 우리 마음속에 있다는 사실을 쉽게 인정하려 들지 않는다.

동기의
두 가지 형태

:: 의지력이 약한 탓이라고?

근위축증으로 전신이 뒤틀리는 루게릭 병을 앓으면서도 세계적인 우주물리학자가 된 스티븐 호킹 같은 사람을 보면서 '나는 그보다 조건 (신체적 조건)이 훨씬 좋은데 그동안 왜 게으름을 피우고 공부를 안 했을까! 이제 열심히 해야지'라는 생각을 가지고 책상에 앉게 된다면 그건 좋은 일이다. 하지만 그런 깨달음과 다짐의 효과가 얼마나 지속될까. 사흘을 넘기도 어렵다.

　다짐의 효과가 일시적으로 그치는 이유는 나와 호킹을 너무 단순하게 비교했기 때문이다. 우리가 스티븐 호킹보다 신체 능력이 뛰어난 것은 맞지만, 공부를 하는 데 필요한 모든 조건이 호킹보다 뛰어나다고는 볼 수는 없다. 조건이라 하면 흔히 신체적 조건이나 경제적 여건만 떠올리지만 그건 어디까지나 여러 조건들 중 하나에 불과하다. 따라서 인간이 가진 수많은 행동 유발 조건들 중 몇 가지를 인지하는가가 좋은 교육자의 선결 조건이 된다.

신체, 경제 조건 말고도 우리의 행동을 결정짓는 조건은 여러 가지가 있다. 가장 우선적으로 다뤄야 할 것은 행동을 해야 하는 필요, 즉 동기다. 그 행동을 반드시 해야만 하는 이유, 더 나아가 하지 않으면 안되는 상황적 필요는 힘들고 어려운 일을 추진해 나가는 데 없어서는 안될 요소다.

많은 학부모와 교사들은 강요나 비교 같은 효과 없는 기법은 빈번하게 사용하면서, 정작 질 좋은 필요 요소를 만들어주는 일은 잘 못하는 경우가 많다. 여기서 말하는 '질 좋다'의 의미는 받아들이는 자의 정확한 절실함이다.

이것은 자기계발에 있어서도 마찬가지다. 질 낮은 필요 요소 즉, 이 일을 해도 좋고 안 해도 별 문제 없고, 정도로는 효과를 얻을 수 없다.

"공부를 하면 좋지만 안 해도 특별히 문제될 것은 없고,
살을 빼면 좋겠지만 안 빼도 사는 데 큰 지장은 없고."

이런 정도의 필요로 자신을 움직이려 하면 그 누구도 노력에 성공할 수 없다. 기본적으로 만들어야 할 행동의 결정적 동기는 "이걸 하면 좋

다"와 "이걸 하지 않으면 절대로 안 된다"가 모두 필요하다. 이 두 가지를 다 갖추어 주었을 때만이 사람은 쾌감이 없는 일에도 손을 뻗치게 된다.

:: 성취형보다 더 실제적인 의무형 동기

교육에서건, 기업 경영에서건, 동기 부여라는 말은 너무나 많이 듣는 말이다. 동기 부여가 돼야 목표를 향해 움직인다는 것에는 모두 공감한다. 그러나 자주 언급되고 공감하는 것과는 달리 정확한 동기 부여를 할 줄 아는 사람을 만나는 건 정말로 어렵다. 우리가 남에게, 그리고 나 자신에게 해온 동기 부여는 대부분 실패해온 것이 현실이다.

그렇다면 그간 우리가 지속적으로 동기 부여에 실패한 이유는 무엇일까? 가장 큰 이유는 편중된 동기 부여를 해왔기 때문이다. 모든 행동에 적용되는 동기는 크게 다음 두 가지로 분류할 수 있다.

A. 성취형 동기
B. 의무형 동기

성취형 동기는 '공부해서 출세하자', '다이어트해서 연애하자' 같이 무언가를 얻어내고자 하는 동기다. 반면 의무형 동기는 말 그대로 '이것을 하지 않으면 절대 안 된다'라는 식의 동기다. 실제로 소수의 수재들을 제외하면 우리나라 학생 대부분은 의무형 동기에 의해 움직이고 있다. 이런 사실은 시사하는 바가 아주 크다.

일부 고민 없는 교육자나 타고난 수재들은 학생들에게 종종 이런 말을 들려주곤 한다.

"공부에 재미를 붙여봐. 공부를 즐겨보라고!"

"노력을 통해 꿈을 이뤄나가는 너의 멋진 모습을 그려보렴! 정말 멋지지 않니?"

이런 말들은 학생들에게 '성취형 동기'를 부여하려고 하는 것이다. 그러나 실제 독서실에서 공부하는 학생 열 명을 붙들고 물어보면 이런 말에 감동받아 공부하고 있다는 학생은 한 두 명도 되지 않는다.

대부분 학생들은 불편한 현실, 그리고 두려운 미래의 무언가를 피하기 위해 공부하고 있다. 이것이 진실이다. 이룰 수 있을지 없을지 모르는 그럴듯한 희망의 청사진보단 '이걸 하지 않으면 끝이다'라는 의무형 동기가 훨씬 더 많은 사람들을 행동하게 만들고 있는 것이다. 즉, "꿈을 꾸세요, 꿈을. 노력이 꿈을 이루어줘요!!"라고 노래를 부르는 자기계발서나 교육자들의 선동과는 달리 실제 우리 삶에선 의무형 동기의 영향력이 훨씬 더 강하다.

:: 역(逆)의 동기

그런데 거기서 끝이 아니다. 우리에게는 행동을 불러일으키는 동기도 있지만 그에 맞서는 강력한 힘이 있는데 그것은 바로 행동을 막는 동기, 바로 역(逆)의 동기다. 즉 목적했던 행동을 거부하는 동기이다. 이 것을 인식하는 것이 아주 중요하다.

역의 동기 역시 두 가지다.

A. 역(逆)의 성취형 동기
B. 역(逆)의 의무형 동기

이것은 우리가 노력을 하지 않았을 때 얻을 수 있는 것, 좀 더 강력하게 말하면 '노력을 하지 말아야 하는 이유'들이다. 그것이 우리 마음 속에서 막강한 영향력을 발휘하고 있기 때문에 우리가 노력을 안하게 되는 것이다.

성취라고 하면 돈이나 학벌 같은 것을 생각하기 쉽지만, 사실 우리가 추구하는 성취의 대부분은 감각과 욕망에 대한 것이다. 학생이 인터넷 강의를 듣는다고 컴퓨터 켰다가 정작 강의는 듣지 않고 몇 시간 동안 연예 뉴스를 보면서 킬킬거린다면 얻는 게 하나도 없을 것 같지만 전혀 그렇지가 않다. 그는 욕망과 감각의 충족이라는 성취물을 얻은 것이다. 공부를 할 때보다 더 강력한 공부를 하지 않았을 때 얻을 수 있는 성취, 이것이 바로 역의 성취 동기다.

또, 역의 의무도 있다. 우리는 가끔 고도 비만인 사람이 '굶으면 건강에 안 좋다, 영양분 섭취는 해야 한다.' 등의 말을 하는 걸 본다. 이 사람에게 "먹지 않으면 안된다"라는 명제는 노력하지 말아야 하는 역의 의무형 동기인 셈이다.

A. 성취, 의무
B. 역의 성취, 역의 의무

중요한 것은 우리가 보다 완전하고 지속적인 행동 변화를 이끌기 위해선 성취형 동기, 의무형 동기 역의 성취형 동기, 역의 의무형 동기 이 네 가지 중 어느 하나라도 소홀히 하면 안 된다는 점이다. 그러나 많은 사람들이 이 네 가지 중 오직 '성취형 동기' 하나에 매달린다. 그것도 꿈이나 노력 같은 극히 모호한 단어를 쓰면서 말이다. 그런 편중된 방식에 의존하니 언제나 작심삼일이 되는 것이다. 장기적 효과를 담보하기 위해선 성취형 동기뿐 아니라 의무형 동기 및 역의 동기를 생각해야 한다.

일이든 놀이든 우리가 행동에 옮기지 못한다면 그 가장 큰 이유는, 그 일을 해야 하는 동기를 우리 의식이 포착하지 못했기 때문이다. 나에게 맛있는 음식이 다른 사람에게도 맛있다는 보장이 없듯, 지도자나 노력왕들이 우리에게 던져주는 동기 요소들이, 우리의 의욕을 지속적으로 자극할 수 있다는 보장은 없다.

:: 고개 드는 '노력에 대한 회의'

"꼭 살을 빼야지!"라고 말하면서도 막상 맛있는 음식을 보면 배가 불러 더 이상 먹기 힘들 때까지 먹는 모순적 행동은, 우리 내면에 한 사안에 대한 전혀 다른 동기가 존재한다는 걸 증명한다.

일단 처음에는 '나는 살을 빼야만 해, 먹지 않는 것이 옳아, 다음에는 절대 유혹에 지지 않겠어'라며 스스로를 채찍질하는 판단을 내리곤 한다. 그러나 시간이 좀 흐르면 '노력에 대한 회의'가 고개를 들게 된다. 식사 시간이 아닐 때는 굳게 다짐을 했었으나 막상 식사 시간이 다가오면 내면의 다른 소리가 크게 들린다.

"굳이 그렇게까지 힘들게 먹고 싶은 음식을 멀리할 필요가 있나?"
"어차피 음식보단 운동으로 빼는 것이 정석이지."
"식사량을 줄이는 게 꼭 좋은 것만은 아니라고 하던데."
"식욕 참는 스트레스가 몸에 더 큰 해가 될 거야."
"낮에 열심히 스트레스 참고 일했으니, 좀 먹어줘야 스트레스가 풀려서 더 열심히 살 수 있지 않겠어?"

이런 갖가지 회의와 갈등이 의식 전면에 떠오른다. 그리고 잠시 갈등의 시간을 거친 후, 결국 고칼로리의 음식들을 즐겁게 먹어치우고 만다. 대단히 많은 사람들이 반복하는 패턴이다. 문제는 배불리 먹고 나면 먹기 전의 갈등과 회의는 간 데 없이 사라지고, 후회라는 익숙한 감정이 아침 해가 뜨듯 다시 떠오른다는 것이다.

정신분열이란 단어는 나와는 굉장히 이질적인 것처럼 들리지만 사실 정신이 완벽히 통합되어 있는 사람은 오히려 소수다. 맛은 있지만 몸에는 나쁜 음식에 대해 판단이 흔들리는 것처럼, 우리는 늘 복수의 관점과 그로 인한 혼란을 끌어안고 살아가고 있다. 그리고 '실제 행동'이라는 승리의 결과물을 가져가는 쪽은 주로 다짐이나 결심보다는 '노력에 대한 회의적 관점' 쪽인 경우가 많다.

흔히 노력 행위나 억제를 좀처럼 못하는 사람에게 "의지력이 없다, 정신력이 약하다"고 말하지만 이는 핵심이 어긋난 지적이며 정확하게는 '노력에 대한 회의적 논리가 더 자주, 더 강하게 부각되는 사람'이라고 표현해야 맞다.

:: 일반화의 오류

마음의 한쪽에서는 노력을 해야 한다고 주장하고, 다른 한쪽에서는 회의적으로, 굳이 그렇게 필요가 없다고 주장한다. 승리는 대부분 후자의 몫이다. 이것이 우리 내면의 현실임에도 사람들은 노력할 필요가 없는 이유, 노력을 하지 말아야 할 이유가 우리 마음속에 있다는 사실을 쉽게 인정하려 들지 않는다.

우리는 '인간은 모두 다 맛있는 음식을 좋아한다. 공부는 누구나 다

싫어한다'라는 말을 진리인 것처럼 생각한다. 하지만 이런 생각은 터무니없는 일반화의 오류이다. 진수성찬을 눈앞에 두고도 동요하지 않는 사람, 공부에 희열을 느끼는 수많은 사람들은 그럼 어떻게 설명해야 하는가? 그들이 모두 특이한 것도 아니고, 일반인이 범접하지 못할 대단한 정신력을 지니고 있는 것도 아니다. 다만 그들의 마음속에는 살찌고 싶지 않은데도 기름진 음식을 먹어야 하는 이유, 마음의 불안감이 피어오르는데도 굳이 공부를 하지 않아야 하는 이유가 입력되어 있지 않은 것뿐이다.

우리는 어떤 일에 노력을 기울이고 싶을 때 그 일을 해야 하는 이유만을 생각한다. 그러나 아무리 공부해야 하는 이유, 살을 빼야 하는 이유를 열심히 머릿속에서 되뇌어도 막상 해야 될 때가 닥치면 우리는 해내지 못한다. 표면 의식에서의 생각과는 달리 실상 우리 마음속에 깊이 자리하고 있는 것은 해야 할 이유보다 더 많고, 더 강력한 하지 않아도 되는 이유이기 때문이다. 다만 우리가 그것을 인식하지 못하고 있을 뿐인데, 안타깝게도 우리의 행동은 우리가 인식하고 있는 이유보다 인식하고 있지 못하는 이유에 더 강력하게 끌리곤 한다. 왜냐하면 노력을 하지 말아야 하는 이유들은 돈이나 성과, 명예보다 훨씬 더 중요하고 원초적인, 자기보호라는 목적과 연관되어 있기 때문이다.

역의 동기(=노력을 하지 않아야 하는 이유)를 밝히지 않고는 절대 노력을 할 수 없다.

:: 마음의 커튼 뒤에 숨어 있는
'노력하지 말아야 하는 이유'

우리가 노력하고 싶다면 가장 먼저 우리 안에 실존하는, '노력하지 말아야 하는 이유'를 인식해야 한다.

'자기합리화'라는 말은 누구나 한번쯤 입에 담아본 적이 있을 것이다. 자기합리화나 핑계의 고약한 점은 평소에는 잠잠하다가 결단의 심판대에 오르는 결정적 순간에 고개를 쳐든다는 점이다. 다시는 야식을 먹지 않겠다고 낮 시간 내내 강하게 다짐을 했음에도, 밤 11시 심판의 시간에 마주했을 때, 강력하게 치고 올라오는 생각들이 있다.

"이런 것으로라도 스트레스를 풀어야지!"
"인생! 이 맛에 사는 거 아니겠어?"
"닭가슴살은 별로 살이 안 찌니까 괜찮을 거야."

등등의 합리화 논리가 어디선가 튀어나와 결정적인 행동을 지배해 버리고 만다. 그런데 이런 자기합리화가 아예 존재하지 않다가 갑자기 밤 11시에 창조되었을 리가 없다. 평소에는 마음 깊은 곳 검은 장막 뒤에 숨어 있다가 때가 되면 튀어나오는 것이다. 이것은 마치 낮에는 보이지 않는 틈에 숨어 있다가 밤이 되면 기어 나오는 바퀴벌레와 흡사하다. 평소에 눈에 안 보인다고 바퀴벌레가 존재하지 않는 것은 아니다. 그러나 우리는 매번 중요한 순간마다 자기합리화라는 괴물에게 발목을 잡히면서도 평상시에는 그 존재를 망각하거나 부정하려고 한다. 공부가 잘 안된다고 하소연하는 학생들에게, "그건 평소 네 마음속에 공부를 하지 말아야 하는 이유가 크게 자리를 잡고 있기 때문이야"라고 말해줘도, "그딴 게 어디 있어요?"라며 인정을 하려 들지 않는다. 그러다가 막상 공부를 해야 할 시간이 되면 온갖 핑계를 창조해내면서 이런저런 놀이에 시간을 낭비하곤 한다.

물론 그것이 그 학생의 잘못만은 아니다. 그 학생이 의지박약아인 것도 아니다. 다만 노력이 성과를 거두려면 잘못 형성된 자신에 대한 잠재적 믿음과 대면해야 한다는 것을 누구도 가르쳐주지 않았기 때문이다. 마음의 커튼 뒤에 있는 '노력하지 말아야 하는 이유'와 대면하고 일정한 합의에 도달하지 않는다면 누구라도 자기합리화, 그럴듯한 핑계의 덫에 빠지게 될 수가 있다.

그걸 해내기 위해선 노력하지 말아야 하는 이유들이 우리의 마음 안에 어떤 모습으로, 어떤 부분에, 어떻게 자리 잡고 있는지 그 실체를 알 필요가 있다.

모호하게 비난하지 말고
정확하게 비판하라

:: 책임 소재를 분명히 하라

다시는 화내지 않겠다고 다짐하다가도 얼마 안 가 화를 폭발시키는 사람, 살찌는 음식 줄이겠다고 맹세를 해도 그 다음 날 바로 고칼로리의 음식을 먹어대는 사람 등, 매번 다짐을 하지만 매번 그 다짐을 깨는 사람들을 많이 본다. 그런 이들에 대해 흔히 하는 충고는 "너 자신을 잘 다스려야 한다", "마음을 컨트롤해라"라고 한다. 하지만 이런 충고로 실제로 마인트 컨트롤이 향상된 사람은 거의 없다. 이 충고는 왜 효과가 없을까? 그것은 '너 자신', '네 마음'이라는 단어가 지나치게 광범위한 영역을 지칭하는 말이기 때문이다. 컨트롤이 안 되는 것은 '나'가 아니라 나의 어떤 한 부분인 것이다.

어떠한 잘못이 발생했을 때 가장 중요한 건 책임 소재를 명확하게 밝히는 것이다. 조직 내에서 잘못을 저지른 사람이 명확하게 있는데 그 사람을 비판하는 게 아니라 대충 뭉뚱그려 "우리 모두의 잘못입니다"라고 하면 근본적인 문제 해결도 안 되고 구성원들도 불만을 갖게 된다. 이와 마찬가지로 "나"라는 복합적인 유기체 안에서 나를 나태하게 만드는 정확한 책임 소재를 찾아내어서 지적해야 한다. 우리는 어떤 다짐이 깨지거나 노력이 지속되지 않을 때 대체로 이렇게 자책한다.

'나는 안 돼!'
'도대체 나는 왜 이러지?'
'또 저질렀네. 이런 한심한 인간 같으니!'

이런 공허한 자책은 아무리 해봐야 개선의 효과가 거의 없다. 책임의 소재를 하염없이 넓혀서 자신의 책임을 회피해내는 것은 정치인이나 무책임한 경영자들이 자주 쓰는 기술이다. 그런 악습을 자기계발에까지 적용시킬 이유는 없다.

:: 마음의 구분

우리가 병이 났는데 "당신은 지금 몸이 아픈 겁니다"라고 진단해주는 의사는 없다. 아픈 데가 간인지 폐인지 소장인지, 인체의 구획에 따라 문제지점을 정확히 찾아내 주는 것이 "진단"이다. 이는 마음에도 똑같이 적용된다. 만일 어떤 상담사가 화를 참지 못하거나, 마구 폭식을 해대는 사람에게 "당신은 스스로의 마음을 잘 다스려야 합니다"라고 하는 것은 우측 하복부가 아파서 병원을 찾아온 환자에게 "당신은 몸이 안 좋은 겁니다"라고 말해주는 것과 똑같다.

우리는 내과 의사들이 장기를 나누는 것처럼 마음을 구분할 수 있어야 한다. 이렇게 하지 않으면 절대 행동을 교정해나갈 수가 없다. 간과 쓸개를 구분하지 못했던 고대에 비해 현대 의학의 치료율은 압도적으로 높아졌다. 그처럼 우리가 마음의 각 영역을 정확히 구분할 수 있다면 큰 도움이 될 것이다. 어쩌면 우리는 마음에 관한한 아직 원시인 수준에서 크게 진보하지 못했는지도 모르겠다.

:: 마음 안의 판단사고

물론 마음은 간과 위장처럼 쉽게 구분하기가 어렵긴 하다. 눈으로 보이지가 않기 때문이다. 그러나 어려워도 마음을 구분을 하지 않고는 "마음을 잘 다스리세요"라는 모호한 얘기밖엔 할 수 없다. 마음을 구분할 수 있게 되면 우리 스스로 나쁜 행위를 반복할 때 우리의 인격 전체를 비판하는 게 아니라, 그 잘못된 행동의 유발 요소만 지적할 수 있게 된다.

일단 간단히 구분해보자면, 마음이란 단어는 크게 사고와 감정으로 나뉠 수 있을 것이다. 우리 행동은 크게 감정에 의해 촉발되는 경우와, 사고에 의해 행해지는 것이 있다. 물론 모든 심리적 개념이 그렇듯 생각과 감정도 완전히 분리되어 있는 것은 아니며, 사고가 감정에 영향을 끼치고 감정도 사고에 영향을 끼친다. 그러나 기본적으로 같은 것이라고는 볼 수는 없다. 심리학의 대가인 칼 구스타프 융은 "마음은 이것이기도 하고 저것이기도 하다"라고 했다.

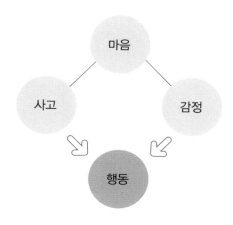

먼저 사고에 대해 살펴보자.

우리가 하는 생각(사고)의 대부분은 판단이다. 애초에 인간이 자신의 내면에 판단사고라는 도구를 장착한 근본적 이유는 생존을 하기 위함이었다. 예를 들어 원시시대에 한 원시인이 호랑이랑 만났을 때를 상정해보자.

호랑이를 보고 '저 호랑이는 나보다 강해 보인다.' 라는 판단을 했다면 그 판단에 따라 '그러니 도망가자!'라는 행동을 구현하게 된다.

이와 같은 용도로 쓰기 위해 만들어진 도구가 '판단사고' 이기 때문에, 인간의 행동에 영향을 끼치는 최고의 판단 기준 역시 아직도 생존(보존)이다.

이것은 대단히 중요하다. 우리가 고칼로리 음식을 먹는 것이 생존에 유리할까, 굶는 게 생존에 유리할까? 당연히 먹는 것이 더 유리하다. 일단 먹으면 굶어죽지는 않기 때문이다. 병에 걸리는 것은 먼 훗날의 이야기다. 이것이 의식이 하는 판단이다. 아직까지도 우리 의식의 깊은 부분은 원시시대에 많이 머물러 있다.

어떻든 인간의 행동이 판단에 근거하고 있다는 사실은 희망적인 것이다. 판단사고라는 것이 존재하기 때문에 사람은 호랑이를 보고 도망가지 않을 수도 있고, 기름진 음식을 외면할 수도 있다. 다만 그러기 위해선 한 가지 장치가 필요하다.

예를 들어 우리가 호랑이를 한방에 날려버릴 대구경 총을 가지고 있고, 평소에 꾸준히 사격 훈련을 했다면 호랑이를 만나도 도망가지 않을 수도 있다. 호랑이랑 맞붙어서 이길 수 있다는 판단이 들면 무작정 도망가지는 않는다. 이처럼 우리가 본능이라 부르는 많은 행동들이 사실은 나름의 기준에 의해 내려진 판단이고, 따라서 판단이 바뀌면 본능을 뛰어넘을 수 있다.

:: 본능이 아니라 판단이다

우리가 하는 행동들 중 판단 없이 행해지는 것은 거의 없다. '그냥 본능적으로' 행해지는 행동 따위는 없다는 얘기다. 아무리 말도 안 되는 것 같은 행동이라도 우리 내면은 '그 행동을 하는 것이 좋다'라는 판단을 내렸기 때문에 '하라!'는 사인이 떨어진 것이다. 단지 때에 따라서 우리 자신이 그 판단을 인식 못하는 경우가 있을 뿐이다.

"정말 살찌는 음식을 먹지 말자고 수차례 다짐하는데도 결국 손이 가게 되던데요. 이성적 판단과는 전혀 상관없는 인간적 본능이 저를 자꾸 먹게 만드는 것 아닌가요?"라고 반문할 수도 있다. 이는 우리 마음 안에 우리가 의식하지 못하는 부분도 있다는 것을 모르기 때문에 하는 말이다.

'인간적 본능'이라는 말은 자기 자신을 위로하기에 딱 좋게 잘 만들어진 말인데, 대부분은 그 실체가 규명된 게 아니다. 흔히 식욕을 인간으로서 어찌할 수 없는 본능이라 하지만, 굳이 살찌는 음식에는 손을 대지 않는 사람들도 많다. 그리고 식욕을 참는 데 별다른 고통을 느끼지 못하는 이들 역시 많다. 그럼 그 사람들은 성자인 것인가?

그런 행동을 하지 않는 사람도 상당수 있다면 그건 이미 본능이 아니다. 진짜 본능이라 할 만한 것은 바늘에 찔리려 할 때 반사적으로 피하는 것 같은 행동이지, 식탐에 붙일 단어는 아니다. 따라서 진심으로 변화를 원한다면 잘못된 행동이나 끊으려 하지만 반복적으로 되풀이 되는 행동을 어쩔 수 없는 본능이라며 어물쩡 넘어갈 것이 아니라, 진짜 우리 내면의 어떠한 심리적−생리적 기재가 행동을 유발하고 있는지 면밀히 따져볼 필요가 있다.

:: 판단의 공존

우리를 이끄는 행동유발 판단은 우리 스스로 그 존재를 쉽게 느낄 수 있는 것이 있는가 하면, 과연 내 자신이 그런 판단을 한 것인지 그 존재조차 잘 느껴지지 않는 것이 있다.

예를 들어 한 주정뱅이가 술의 폐해를 깨닫고 금주를 다짐했다 치자. 그러나 3일이 못 가 그는 다시 폭음을 하게 되었다. 이 경우 '술은 안 좋은 것이니 끊자'라는 판단이 술을 마시고 싶어 하는 본능에 패배한 것처럼 보이지만, 사실 그의 마음 안에는 술을 긍정하는 판단도 함께 존재하고 있었던 것이다.

"술을 먹으면 기분이 좋아지고 스트레스가 해소된다."
"술을 완전히 끊을 필요까지는 없을 것이다. 적당히 조절하며 즐기면 되지 않겠는가?"
"금주는 내일부터 해도 된다. 오늘까지만 마시자."

이와 같은 판단들이 금주해야 한다는 판단을 밀어낸 것이다.

꼼꼼히 따져보면 대부분 중독자들의 경우 중독되어 있는 대상에 대해 전면적으로 부정하는 사람은 없다. 담배건, 술이건, 게임이건 그것에 빠져 있는 사람들은 그 폐해를 인정하고 "끊어야지!"라고 결연히 맹세를 한다고 하더라도 한두 가지쯤은 중독 물질들이 주는 효용을 마음속으로 인정하고 있다. "담배를 피우니 스트레스가 풀리네" 같은 담배의 효용성을 하나도 인정하지 않으면서 담배를 피우는 사람은 없으며, "맛있는 치킨에 맥주를 먹으니 너무 행복하다"라는 생각이 없는 사람이 밤 10시에 맥주와 치킨을 먹는 일은 없다.

이런 판단들 역시 한 사안에 대해 우리들 스스로 내린 판단인데, 이런 욕구 긍정형 판단들은 대개 해당 향락품이 주는 폐해에 대한 판단들 (담배 피우면 건강에 안 좋다, 밤에 치킨과 맥주를 먹으면 살찐다 등)과 함께 마음속에서 공존하고 있는 경우가 많다.

이런 경우 상반된 두 판단 중 상대적으로 더 인식하기 쉬운 것은 노력형 판단이다. "놀고 싶지만 참고, 더 공부하자", "식욕을 절제하고 더 열심히 운동하자" 등등의 다짐들은 우리가 말하는 것들인데, 말로 표현한다는 것은 표면적으로 인식을 하고 있다는 얘기다. 반면, "놀기도 해야 능률이 오르지 않겠어?" "노력한다고 되겠어? 거기서 거기겠지." "젊어서 놀아야지 언제 놀아?" "초콜릿 케이크를 먹으면 스트레스가 풀려" 등등의 판단들은 평상시에 잘 말하지 않고 잘 느껴지지 않지만 마음속 깊은 곳에는 분명히 실재하고 있다.

문제는 바로 이렇게 속에 숨어 있는 판단이 행동에는 오히려 더 큰 영향을 끼친다는 것이다.

:: 결정적 순간을 노리는 판단들

이렇게 차단해야 하는 욕망을 긍정하는 자기합리화나 핑계 같은 판단들은 평상시에는 잘 인식되지 않는다. 그러나 마음 한구석에 단단히 똬리를 트고 있다가, 결정적 순간에 순식간에 치고 올라와 상위 의지를 장악하곤 한다. 낮 시간 내내 다이어트의 각오를 철저히 다지다가도, 밤 10시에 동생이 야참을 먹자고 하는 그 순간 의지가 흔들리고, 결국 숨어 있던 욕망에 굴복하고 만다.

사실 절제력은 24시간 내내 필요한 것은 아니다. 음식이 눈에 보이지 않는 낮 시간 동안이 아니라 동생이 야참을 유혹하는 출출한 그 순간에 필요한 것이다. 그러나 낮 시간 동안 강력하게 지녀왔던 자제력은 결정적인 순간에 무너져버린다. 자제력과 반대로 평소에는 숨어 있다가 우리에게 정말로 중요한 순간 터져 나오며 다짐판단을 부숴버리는 게 바로 자기합리화, 핑계형 판단들이다.

이런 판단들은 절대 순간적으로 만들어진 것이 아니다. 이미 오래전부터 우리의 마음속 어딘가에 위치해 있던 판단이 행동분기점의 순간에 치밀고 올라오는 것에 불과하다.

이를 방지하기 위해 우리는 안 좋은 행동을 만드는 그릇된 판단과 가치 관념들이 우리 마음속 어디에, 어떤 식으로 똬리를 틀고 있는지 알아볼 필요가 있다.

:: 판단의 저장 창고

무의식, 혹은 잠재의식이라는 단어를 모르는 사람은 없을 것이다. 가장 흔하게 얘기되는 의식 구조의 간단한 형태는 다음과 같다.

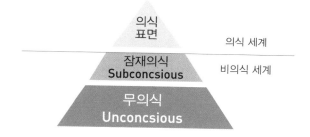

바로 표면의식, 잠재의식, 무의식의 3단계 구조다. 이중에서 중요한 것이 바로 잠재의식이다.

근현대의 많은 심리학자, 최면가, NLPer(신경언어 프로그래밍을 사용하는 사람)들은 표면의식과 무의식의 중간 지점에 '잠재의식'을 규정한다. 이는 거의 인식하기 어려운, 주로 생명 유지현상을 관할하는 무의식과는 또 다른 영역이다. 근대 최면, 그리고 NLP는 이 잠재의식 영역을 대상으로 작업을 벌인다.

잠재의식론 주창자들이 이야기하는 잠재의식의 주요한 역할 중 하나는 바로 정보와 판단의 저장이다. 생물은 자신이 경험했던 일을 적절히 판단하여 하나의 지식으로 마음속에 가지고 있어야 지속적 생존을 보장받을 수 있다.

덩치 작은 살쾡이랑 싸워봤는데 날카로운 발톱에 큰 부상을 입었다. 그렇다면 '살쾡이란 무서운 존재'라는 판단을 마음속에 저장해 놓아야 다음에 또 만났을 때 적절한 대처를 할 수가 있다. 하지만 그렇다고 365일 살쾡이 생각만 하고 살 수는 없다. 호랑이도 있고 하이에나도 있으니, 살쾡이 생각은 살쾡이를 만났을 때만 하면 된다. 따라서 평상시에는 살쾡이에 대한 정보와 판단은 굳이 필요 이상의 신경이 쓰이지 않도록 마음속에 잘 인지되지 않는 저장 공간을 만들어 놓고 거기에 담아 두는 것이 효율적이다. 이것이 바로 잠재의식이라는 영역이 마음속에 생겨난 이유다.

실제로 우리는 겪게 되는 모든 것, 보게 되는 모든 것 각각에 대한 판단을 다 가지고 있다. 지금 내 눈앞에 있는 것은 작업용 컴퓨터다. 컴퓨터에 대해 나는 '컴퓨터란? 재밌는 것, 내 일을 편하게 도와주는 도구, 정보 교류의 창구' 등으로 판단하고 있다.

그러나 그런 판단 문구를 매번 컴퓨터를 볼 때마다 일일이 떠올리는 것은 아니다. 컴퓨터에 대해 내렸던 내 판단은 잠재의식 공간에 저장되고, 그렇게 저장된 잠재 판단들은 컴퓨터에 대한 내 행동에 지속적으로 영향을 끼쳐나간다. 만일 내가 처음에 컴퓨터에 대해 '컴퓨터란? 눈만 나쁘게 하는 아무짝에도 쓸모없는 바보상자, 나랑은 맞지 않는 도구, 사용하기 어려운 물건'이라고 판단을 내렸다면 나는 어쩌면 이 글을 만년필로 쓰고 있었을지도 모른다. 실제로 유명한 작가들의 경우 아직도 펜으로 원고를 쓰는 사람들이 있다. 그들은 컴퓨터와의 첫 만남 때 그에 대한 안 좋은 판단을 내렸기 때문에 지금도 사용하지 않고 있는 것이다.

사물(사안)에 대한 판단은 잠재적으로 저장되어 판단과 행동에 지속적으로 영향을 끼친다.

중독성 물질에 빠져 있는 사람들의 경우 그 대상과의 첫 만남 때부터 나쁜 판단을 가졌던 이들은 거의 없다. 게임에 중독되어 있는 학생이 게임에 내렸던 첫 번째 판단은, '한번 해보고 싶다, 스트레스가 풀린다, 삶의 활력소가 된다.' 등이었다. 비록 짧게나마 내렸던 그 판단들은 마치 스폰지에 스며들듯 의식 안쪽으로 쭈욱 스며들어가서 일정하게 자리를 잡는다. 일단 자리를 잡고 난 이후부터는 굳이 의식 위로 떠오르지 않더라도, 게임을 하게 만드는 행동을 유도한다.

:: 판단과 저장

세상 모든 존재는 공간(Space)적 부분이 있다. 인간의 신체인 눈도, 심장도 간도 공간을 점유하여 존재하고 있다. 의식 역시 마찬가지다. 인간이 여러 가지 기억들을 머릿속에 가지고 있을 수 있는 것은 분명히 정보를 저장해 놓을 만한 어떤 공간(Storage)이 존재하기 때문일 것이다. 이 저장 공간에 보관되는 각종 정보와 판단들은 우리가 필요할 때

의식적으로 꺼내 쓰기도 하고, 때에 따라선 우리의 의지와는 무관하게 저절로 튀어나오기도 한다.

그렇다면 우리가 스치듯이 하는 모든 판단들이 마음속에 잠재 저장되는 것인가? 그럴 리는 없다. 컴퓨터에 용량 제한이 있는 것처럼 인간의 뇌도 한계가 있다. 그렇기 때문에 정보를 선별하는 판단이 이루어지게 된다.

예를 들어 우리가 초콜릿을 보았을 때 초콜릿의 재료, 원산지, 제조 공정 같은 정보들이 마음속에 담기는 것이 아니라 "초콜릿은 맛있다, 초콜릿을 먹으면 기분이 좋아진다, 초콜릿은 ○○회사 것이 맛있다"라는 초콜릿에 대한 '판단 정보'들이 주로 마음속에 담긴다. 이처럼 '판단'이라는 필터링을 거치지 않고 마음 창고에 저장되는 정보는 없다. 따라서 우리 마음속에 있는 모든 정보는 '판단 정보'인 셈이다.

그런데 문제는 우리는 잘못된 판단을 자주 한다는 것이다. 하나의 대상을 접하게 되었을 때 그에 대한 대처 행동은 마음속에 이미 저장되어 있는 판단에 따르는데, 저장된 판단들의 상당수가 비객관적이고 자기합리화적으로 내려진 판단들이기 때문에 우리는 숱한 오류 행동들을 저지르게 된다.

:: 자기합리화 없이 반복되는 행동은 없다

예를 들어 한 사람이 주차문제로 분을 못 참고 이웃집 사람을 폭행했다고 하자. 얼핏 단순히 비이성적인 행동인 것처럼 보이지만 사실 그 폭행의 기저에는 다음과 같은 생각들이 깔려 있다.

"화를 억누를 수 없다. 말로는 해결이 안 된다."
"그는 맞을 만하다."
"폭력을 행하면 화가 풀릴 것이다."
"나의 힘을 과시할 필요가 있다."
"폭력 충동을 억누르는 것은 매우 어려운 일이다."

등등 겉보기에는 충동적인 것처럼 보이지만 해당 행동을 합리화하는 "판단"들이 마음 깊숙한 곳에 심어져 있다. 즉 본능 때문에 저지른 행동이 아닌 것이다. 상식적으로 봤을 때 위 명제들은 터무니없는 것이지만, 실제로 위와 같은 명제를 단단히 믿고 있는 사람은 우리 주위에 수없이 많다. 물론 그런 그릇된 판단들이 심어진 데에는 여러 가지 요소가 작용하게 된다.

폭행 같은 어쩌다 일어나는 사고뿐만 아니라, 우리가 일상적으로 흔히 저지르는 무책임한 여유, 지나친 나태 역시 따지고 보면 다 우리 내부에서 이미 한 번 이상의 자기합리화 과정을 거친 이후에 행동으로 고착화된다. 핑계 없는 무덤 없는 것처럼, '핑계 없는 나태 역시 없는 것' 이다. 안 믿는 것 같지만 결정적인 순간마다 믿어버리고 의지해버리는 우리 마음속의 잘못된 논리, 그릇된 판단들을 깨끗이 정리해버리지 않고서는 우리가 가진 본연의 진실을 구현해 나가기가 어렵다.

:: 핑계 없는 욕망은 없다, 판단 없는 나태도 없다

욕망과 나태를 지지하는 판단들을 잠재적으로 가지고 있는 사람에게는 그 어떤 강압을 가해도 노력의 정도를 끌어올릴 수가 없다. 행동 변화를 이끌려면 일단 잠재된 판단을 교정하는 것이 가장 우선적인 일이다.

기본적으로 우리들은 욕망과 나태를 뿌리치는 것보다, 욕망과 나태를 정당화하는 데 더 많은 사고력을 발휘하곤 한다. 그리고 끝끝내 이러저러한 이유를 들어 욕망을 합리적 의무로 만들어버리고 거기서 자기 위안이란 감정적 보상을 얻곤 한다. 그러나 욕망이 갈구하는 합리성과 의무성(義務性)은 결코 올바르지 않다는 것을 잊어서는 안 된다.

욕망은 반복하면 의무가 된다.

욕망은 언제나 의무가 되기를 갈망한다.

노력할 필요 없다는 판단, 어떻게 만들어지나

이제 궁금해지는 것은, 우리의 판단에 영향을 끼치는 요소가 무엇인 가 하는 점이다. 어떤 이는 '달고 맛있는 걸 지나치게 먹는 건 돈 낭비 에 살만 찌고 건강에도 안 좋아'라는 판단을 하고, 또 어떤 이는 '먹는 것이야말로 인생 최고의 행복이지! 먹을 땐 너무 행복해'라는 판단을 내린다. 이 두 사람에게는 어떤 차이가 있기에 똑같은 대상을 가지고 이렇게 다른 판단을 내리는 것일까?

우리의 판단을 이끌어내는 주범, 판단을 만들어내는 재료는 바로 개념(Concept)이다.

:: 당연한 것이 아니라 당연하다고 믿는 것이다

외부 대상에 대해 정의를 내리는 것은 인간의 생존을 위해 반드시 필요한 습성이었다. 무언가가 내 앞에 나타나거나 갑자기 닥쳐왔을 때 일정한 정의를 개념으로 가지고 있어야 보다 빠르게 판단하고, 보다 빠르게 행동할 수 있다.

A. 이것은 위험하다 / 안전하다
B. 이 행위는 생존에 도움이 된다 / 안 된다

따라서 인간은 눈에 보이는 모든 외부의 대상에 대해 정의를 내리고 개념화를 하지 않고는 생존할 수가 없는 존재로 진화되어 왔다. 개념화(정의 내리기) 습성이 인간이란 종족을 번성시킨 결정적인 요소임은 두말할 나위가 없다.

이 개념화는 자기 자신이 만들어내는 경우도 있지만 대부분은 외부로부터 주입된다. 이것이 바로 우리가 말하는 학습이다. 자신이 만들어낸 개념이라는 믿고 있는 것도 실상은 이미 주입된 다른 개념의 영향 하에서 만들어진 것이 대부분이다. 이 개념화의 결과에 따라 실제 사물이나 행위는 본래 가진 것보다 더 강력한 힘을 발휘한다.

공부라는 행위가 스트레스를 불러일으킨다고 생각하지만 사실은 '공부는 스트레스 유발 행위다', '공부=스트레스'라는 의식의 개념화 때문에 스트레스가 생기는 것이다. 같은 의미로 맛있는 음식을 먹는 행위에 '행복'이라는 가치를 우리 스스로가 부여했기 때문에 미식을 즐길 때 행복감을 느끼게 되는 것이다.

"공부는 싫어하고 먹는 걸 좋아하는 건 인간의 타고난 본성인데 거기에 무슨 개념화니 정의니 하는 말이 필요한가?"라는 의문이 있을 수 있지만 공부나 미식에 대한 호불호가 절대 불변의 인간 본성이라고 하기에는 예외들이 너무 많다. 실제로 공부하는 것이 너무 행복하다는 사람도 있고, 기름진 음식에 부정적인 생각을 가진 사람들도 많다.

일본 열도를 통일한 도쿠가와 이에야스는 산해진미로 수라상을 차려온 시종에게 역정을 내며 일식 삼찬에 고기는 금하라고 호통을 쳤다고 한다. 기근으로 백성들이 굶고 있는데 나만 좋은 음식을 먹어서는 안 된다는 것이다. 도쿠가와가 진수성찬을 보고 행복감이 아닌 거북함을 느낀 까닭은 미식에 대한 마음속의 개념을 바꾸었기 때문이다.

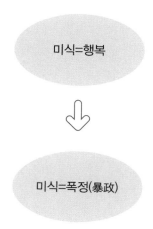

미식에 대한 이런 식의 개념화가 없었다면 도쿠가와도 진수성찬을 그냥 맛있게 먹었을 것이다. 이 정도 개념화 변경은 우리도 충분히 할 수 있다.

　　공부가 행복의 희생이 아니라, 〈공부=행복의 시작〉 맛난 음식을 먹는 게 행복이 아니라, 〈미식=무의미한 과잉 소모〉라는 식의 개념화는 우리 스스로 얼마든지 할 수 있다. 충분히 할 수 있는데 잘 안 되는 이유는, 변경된 개념을 주개념으로 만드는 재학습의 기법을 알지 못하기 때문이다.

　　실제로 우리가 일반적으로 거부감을 가지는 노력 행위들에 대해 오히려 행복감을 느끼며 살아가는 사람들은 얼마든지 있다. 단지 상대적으로 많지 않을 뿐이다.

　　따라서 공부를 하기 싫어하는 학생에게 공신들의 공부비법보다 먼저 가르쳐야 할 것은 공부에 대한 개념이다. 공부를 할 때 생기는 스트레스가 당연한 것이 아니라, '공부는 스트레스다'라는 개념을 믿기 때문에 발생한다. 심리적 문제라는 말이다.

　　공부를 할 때 신체적-심리적 문제로 인하여 괴로움을 겪는 경우가 아니라 단지 '하기 싫다, 공부는 스트레스다'라는 느낌을 받는 것이라면 그것은 학생에게 잘못 주입된 개념화의 영향이 크다고 할 수 있다. 인지 교정의 첫 걸음은 네가 느끼는 그 감정이 원래부터, 처음부터 그랬던 것이 아니었다는 사실을 깨우쳐주는 것이다.

:: 개념화의 세부 단계

그렇다면 하나의 행위가 머릿속에 개념으로 형성되고 그 개념을 의심 없이 믿게 되는 것은, 어떤 과정을 거쳐 이뤄지게 되는 걸까? 만일 그 과정을 알게 되어서 〈공부=스트레스〉라는 개념 정의를 파괴하고, 〈공부=게임보다 더 큰 행복〉이라는 정의를 믿게 만들 수 있다면 공부하는 시간은 비약적으로 늘어나게 될 것이다.

개념화는 크게 동조화, 상징화, 가치화의 세 가지 방법으로 형성된다. 이중 일반적으로 가장 먼저 밟게 되는 과정은 동조화를 통한 개념 정의이다.

인간은 태어나서 눈으로 세상을 바라보고 대상을 인식해간다. 이 인식과정에서 가장 중요한 것이 바로 나와 같은 개체인 '다른 인간'이 보여주는 행위와 태도이다. 예를 들어 뱀이라는 대상에 대해 나와 같은 개체인 인간이 혐오하는 태도를 보인다면 나 역시 뱀이라는 대상을 싫어하게 된다. 또 나와는 다른 개체인 망구스가 뱀을 맛있게 먹는다고 해서, 내가 뱀을 좋아하게 되지는 않는다. 그러나 나를 키워주는 사람이 늘 뱀을 맛있게 먹는다면 상황은 달라진다. 옛날에는 번데기를 간식으로 즐겨 먹었지만 다른 간식거리들이 다양해지고 영양이 풍부해진 지금은 번데기를 거의 먹지 않을 뿐더러 혐오하는 사람들이 많아진 것과 같은 이치다.

학교 교육의 관점에서도 이런 인지 심리의 프레임은 중요한 의미를 던져준다. 실제 아이들을 교육할 때 보면 부모님이나 선생님이 아무리 공부가 중요하다고 말로 주입해도 효과는 좀처럼 나타나지 않는다. 그에 반해 실제 생활하는 시간의 대부분을 함께 보내는 또래 친구 그룹의 행위, 선호, 태도, 가치판단 등에는 지대한 영향을 받는다. 아무리 어른들이 하지 말라고 해도 주변 친구들 대부분이 술 담배를 하면 학생의 뇌리에는 술 담배가 결코 나쁜 것으로 개념화되지 않는다. 특히 첫 개념화는 일단 정립되면 웬만해서는 잘 바뀌지 않는다.

이는 인간이라는 종이 수백만 년 전부터 자신이라는 개체를 지키기 위해 구축해온 심리 패턴이다. 주변에 자신과 비슷한 모습을 한 인간의 행동을 따라야 생존확률이 높아지기 때문이다. 만일 인간이 개나 말의 행동 패턴을 따라하게 되면 생존의 확률은 지극히 낮아질 수밖에 없다. 실생활에서 나와 비슷한 연령대의, 그리고 보다 많은 시간을 같이 하는 무리의 가치관과 행동 패턴을 답습하는 것은 거스르기 어려운 종의 본능이다.

그런 의미에서 맹자의 어머니는 대단히 효과적인 전략을 취한 것이다. 묘지 근처에 살아서 주변 아이들이 전부 장례 지내는 놀이만 하고 있는데 말로만 제아무리 책을 보라 한들 아들이 말을 들을 리가 없다. 서당 근처로 이사를 가서 주변 사람들의 책 읽고 공부하는 행동패턴을 지속적으로 보여주었을 때에야 맹자 어머니는 당초 원하던 교육 목표를 달성할 수 있었다.

동조화의 강력함은 비단 교육에서만 드러나는 것이 아니다. 먹는 것을 좋아하는 사람들, 게임이나 음주를 즐기는 사람들을 보면 한결같이 비슷한 취향을 가진 사람들끼리 어울리는 걸 볼 수 있다. 따라서 이와 반대로 제아무리 게임에 빠진 학생이라 할지라도 게임에는 전혀 관심 없는 무리들에 둘러싸여 수년간 지내다보면 게임에 대한 애착은 지속적으로 엷어지게 된다. 그리고 시간이 지나면서 소속된 사람들의 전체적 취향과 가치관을 흡수해나간다. 이는 특히 성인 이전의 어린 학생들에게 더 극명하게 나타나는 효과이다.

① 동조화

인간의 모든 욕구는 생존을 용이하게 하기 위해 우리 몸에 장착된 것이다. 동조화 역시 마찬가지다. 무조건 주변 사람을 따라하고자 하는 욕구는 인간의 가장 원초적이고 강력한 욕구 중 하나로 자리 잡고 있다.

여기서 말하는 주변이란 지금 지하철 내 옆자리에 앉아 있는 생판 모르는 사람을 말하는 게 아니라 나와 생활 영역을 함께 공유하고 있는 사람을 지칭한다. 가족, 직장동료, 친한 친구 그룹 등이 바로 나에게 강한 영향을 끼치는 주변이 된다. 우리는 우리의 삶에 음으로 양으로 영향력을 미치는 주변 사람을 생각 이상으로 절대시하며 그들과 같아지는 것을 욕망한다.

이 동조화의 욕구는 부정적으로 작용할 수도 있지만, 긍정적 자기 제어의 동력이 될 수도 있다. 일본의 국가대표 축구팀 주장 하세베 마코토는 그의 자서전에 재미있는 일화를 하나 담았다. 유럽에서 뛰는 일본의 축구선수 8명이 독일 뒤셀도르프에서 친목 모임을 가졌다. 비

훈련 기간이기도 해서 술이나 한잔 하자고 모였는데, 결과적으론 모임 내내 8명 모두 물과 우롱차만 마셨다고 한다. 같이 축구를 하는 동료들이 피로와 부상을 부르는 알콜을 피하는데 혼자만 술을 마실 수는 없었던 것이다. 생활 영역을 공유하는 사람들의 행동 패턴이 나의 행동에 얼마나 큰 영향을 끼치는지를 나타내주는 사례다.

공부에 있어서도 거의 공부를 하지 않는 학생들의 마음가짐은 크게 두 가지로 나뉜다.

A. 공부에 관심이 적은 경우
B. 공부에 반감을 가진 경우

성적이 낮은 학생들과 대화를 해보면 A의 경우에 해당되는 학생의 숫자는 의외로 적다. 스포츠나 예능 분야로 조기에 진출한 학생이 아닌 한 공부에 관심이 없다기보다 공부에 반감을 품은 경우가 많다. 물론 이런 감정은 그냥 생기는 것이 아니고 그러한 성향을 가진 사람들이 주변에 많으면 많을수록 강하게 생기게 된다. 반면 공부에 긍정적인 생각을 가진 사람이 주변에 많다면 당연히 '공부'라는 단어에 대해 매우 긍정적인 이미지를 그릴 수 있게 된다.

이를 통해 알 수 있는 건, 동조화의 무서움이다. 동조화를 통해 만들어진 개념이 무서운 이유는 분명히 외부적 환경에 의해 만들어진 개념임에도 불구하고 그것을 자신의 본래적 가치관, 혹은 자기가 직접 선택해서 구축한 것이라 착각하기 때문이다. 그러나 꼼꼼히 따져보면 정말 우리 스스로 직접 만들어낸 가치는 그다지 많지 않다는 사실을 알 수 있다.

② 가치화

동조화가 무섭기는 하지만 그렇다고 주변 동조화를 통해 형성된 개념 정의가 절대불변으로 계속 이어지는 것은 아니다. 일단 믿어버린 개념에 대해서는 좀처럼 부정하지 않는 것이 인간의 습성이긴 하지만 시간이 흐름에 따라 공고화와 퇴색이라는 과정은 반드시 거치게 된다. 공고화와 퇴색을 이끄는 것은 자의적으로 혹은 외부에서 마음으로 타고들어오며 진행되는 행위에 대한 가치 부여이다.

행복의 가치 부여와 불행의 가치 부여를 예로 들어보자. 살이 찌는 기름진 음식을 즐기는 일을 행복이라고 정의 내린 상황에서, 각종 미디어에서 보도하는 미식 예찬, 맛집 탐방 콘텐츠 같은 것을 접함으로써 〈미식=행복〉이라는 정의는 한층 더 공고해진다. 그런 콘텐츠들이 직접적으로 "살찌세요!"라고 강요하는 것은 아니지만, 맛난 음식에 열광하고 엄지손가락을 치켜세우는 유명인사들의 행복한 표정은 우리의 마음 깊은 곳에, '이런 맛있는 음식을 즐기는 일이야말로 인생의 행복이다', '맛난 음식을 즐기지도 못하는 인생은 불행하다'라는 가치를 지속적으로 주입한다. 교육이 학교에서만 이뤄지는 건 아니다. 보고 듣는 것 역시 중대한 교육과 학습이다.

주입된 가치는 식품처럼 유통기한이 있다. 예를 들어 10년 동안 맛있는 음식을 먹으며 행복해 하는 사람들의 모습을 전혀 보지 않는다면 〈미식=행복〉이라는 가치는 점차 퇴색되어 간다. 그러나 이런 일은 거의 일어나지 않는다. 사람들은 언제나 맛있는 요리를 먹으며 서로 웃고 행복해 한다. 이렇게 의식하지 못한 채 일상적이고 지속적으로 부여된 행복의 가치는 그것을 위해 희생되는 건강과 체중 관리라는 목표를 무시하게 만든다.

③ 상징화

개념화의 세 번째 형태는 바로 상징화이다.

상징화는 교육, 즉 사람을 변화시키는 데 가장 많이 사용되는 수단 중 하나이다. 알게 모르게 우리 의식은 어려서부터 받아온 숱한 상징화 교육의 지배를 받고 있으며 대단히 중대한 의사결정조차도 근거가 희박한 상징에 의해 결론을 내버리는 경우가 많다.

예를 들어 일본인이라고 하면 우리 머릿속에 자연스레 떠오르는 이미지가 있다. 나막신에 기모노, 간드러지는 목소리, 작은 키 등등. 그런 모습을 하고 다니는 일본인을 본 적은 없어도 일본인의 외양 하면 그와 같은 모습이 무의식중에 떠오른다. 나막신과 간드러지는 목소리가 일본인이라는 개념에 대한 상징으로 의식 속에 자리 잡고 있는 것이다. 이때 핵심은 우리가 실제로 보지는 않았지만 어디에선가 만들어진 이미지를 가지고 일본인에 대한 상징을 의식 속에 구축해버렸다는 점이다. 이것이 바로 상징화 학습이다.

많은 남성들은 축구 경기를 보면서 치킨과 맥주를 즐기는 것에 행복감을 느낀다. 여기서 축구, 치킨, 맥주라는 단어는 행복에 대한 연관상징이 된다. 반면 '공부'라는 말을 듣고 떠오르는 단어를 적어 보라고 하면 많은 학생들이 힘겨움, 압박, 강제, 자유박탈, 부담 등 불행과 연관되는 단어를 떠올리게 된다. '공부'라는 단어가 고통의 상징으로서 마음속에 자리를 잡고 있는 것이다.

이렇게 우리 마음속에 자리 잡고 있는 대부분의 상징들은 우리의 생각과는 달리 우리 스스로 주체적으로 만들어낸 것이 거의 없다. 대부분 외부에서 주입된 것이다. '외부'란 대표적으로 학교, 학부모, 교육자, 미디어, 주변 친구들을 꼽을 수 있다. 밤늦게 스포츠나 드라마를 보면서 치킨을 먹는 행위가 행복에 대한 상징으로 우리 마음속에 자리를 잡은 것은 과연 우리 스스로 만들어낸 것일까? 전혀 그렇지 않다. 이 세상 많은 사람들이 거기에서 행복감을 느끼고 있기 때문에 우리도 역시 따라서 좋아하고 있을 뿐이다. 만일 대한민국의 그 누구도 축구나 드라마를 보면서 치킨과 맥주를 먹지 않는다면 과연 우리는 그 행위를 통해 계속 행복을 느끼게 될까? 아니, 애초에 그런 행위를 하게 되지도 않았을 것이다.

이처럼 다른 사람이 보편적으로 동의하는 행복과 불행에 대한 상징을 거부감 없이 받아들이는 것은 사회적 생물로서 "나"의 생존 가능성을 높이기 위한 본능이기도 하다. 이것이 바로 사회적 상징화이다.

상징화가 무서운 것은 우리의 감정, 감각, 의사결정 등에 엄청난 영향을 끼친다는 것이다. 별 것 아닌 것 같지만 개인은 물론이고 사회,

국가 전체의 운영을 좌지우지하는 힘을 갖게 되기도 한다. 예를 들어 한 번 빨갱이, 성희롱범 등의 상징적 이미지를 뒤집어쓰게 된 정치인은 그것이 진실이건 아니건 간에 정치 인생 내내 엄청난 굴레를 끌어안고 살아가야 한다. 이와 마찬가지로 우리들 역시 먹고, 마시고, 노는 것을 행복의 상징으로 받아들이기 시작하면 성희롱범의 상징을 뒤집어쓰고서 정의를 위해 활동하는 정치인처럼 계속 불리한 여건 속에서 노력해 나갈 수밖엔 없다. 이것은 마치 허벅지에 묵직한 모래주머니를 차고 달리기를 하는 꼴이다.

대상에 대한 개념화가 중요한 이유는 그것이 우리가 하는 행동에 엄청난 영향을 끼치기 때문이다. 어떠한 행동을 하고 싶다는 열망은 외부의 대상이 존재하고 그 대상을 인식했을 때 발생하는 것으로, 아무런 대상도 없는데 자연발생적으로 열망이 생겨나지는 않는다. 맛있는 음식이라는 대상이 존재하기 때문에 식욕이 생기는 것이지 우리 머릿속에 돌멩이에 대한 인식과 기억만 꽉 차 있다면 과도한 식욕 따위는 생겨날 리가 없다.

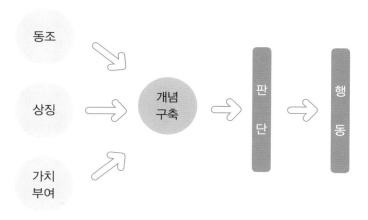

일단 외부의 대상이 있고 그 대상을 인식하면 인간은 예외 없이 그 대상에 대한 동조, 상징, 가치 부여 등의 과정을 통해 개념 정의를 내린다. 그렇게 마음속에 정립된 개념에 따라 행동 판단을 다져나가는 것이다.

따라서 우리가 행하는 모든 행동은 대상에 대한 대응 행동이라 할 수 있다. 물론 우리가 갖는 모든 감정 역시도 나타난 대상에 대한 대응 감정이다.

여기서 중요한 것은 대상 자체가 아니라 그것을 받아들이는 우리의 이해이다. "인간은 외부의 대상을 그 존재 자체로서가 아니라 자신의 용도로서 이해한다"라는 하이데거의 말을 굳이 거론하지 않더라도, 어차피 세계와 대상을 재구성해내는 것은 우리 자신의 욕구라는 건 모두가 알고 있는 사실이다. 외부 대상에 대한 개념은 우리의 의도에 의해서 우리가 결정해 만들어낸 것이다. 즉 불변하는 것이 아니다. 개념을 만들어낸 욕구와 내적 의도가 변한다면 당연히 개념도 바뀐다.

실제로 똑같은 물건이라도 시대가 변함에 따라 그에 대한 사람들의 인식은 크게 달라져 왔다. 돌멩이는 BC.10000년 경에는 주로 사냥 도구로 받아들여졌다. 그러나 지금 돌멩이를 보고 사냥이라는 개념을 머리에 떠올리는 사람은 없다. 여건과 용도에 따라 대상에 대한 개념이 바뀐 것이다.

지극히 짧은 시간에 개념이 바뀐 케이스도 많다. 1950년대 처음 나온 컴퓨터를 보고 가슴 뛰는 흥분을 느꼈던 사람은 많지 않다. 또 디아블로라는 게임을 알기 전까지는 컴퓨터를 다루는 것이 이렇게까지 좋지 않았다고 말하는 젊은이들도 많다. 어떠한 계기가 마음에 작동하면 대상에 대한 인식은 분명히 바뀐다.

이처럼 우리가 어려서부터 지속적으로 축적해 온 개념들이 행동을 불러일으킨다는 것을 알았다면 변화를 위해 우리가 해야 할 일은 다음 세 가지 문제의 답을 찾는 것이다.

첫째, 나의 노력을 막는 개념은 정확히 무엇인가?

둘째, 그것은 나(혹은 학습자)의 마음 안에 어떤 형태로 자리 잡고 있는가?

셋째, 그 개념들을 부수거나 변화시키기 위해서는 구체적으로 어떻게 해야 하는가?

3

의심하고
깨뜨리고
새롭게 바꾸라

기본적으로 인간은 기존에 해왔던 판단, 가져왔던 믿음과 상이한 정보에 대해서는 의심과 거부감을 느끼게 된다. 이를 뛰어넘어 자신과 학습자에게 새로운 믿음을 주기 위해서는 우선 의식 속에서 의심과 기존 믿음 수립에 영향을 끼치는 요소들을 정확히 따져보고, 그것과 커뮤니케이션해야 한다.

믿음이라는
이름의 벽

:: 개념은 판단을 만들고, 판단은 믿음으로 저장된다

어떠한 주장이나 개념을 접했다고 그것이 바로 우리 마음에 무조건 삽입되지는 않는다. 특히 성인이 되고나면 우리 마음에도 일정한 방어벽이 생긴다. 일단 어떤 개념이 우리 안에서 옳은 것으로 받아들여지려면, 먼저 상주하고 있던 기존 개념의 동의를 얻어야만 한다.

개념이란 재료로 만들어진 행동 판단들은 그것이 옳다는 자아(Ego)의 동의를 얻게 되면, 우리의 의식 내에 "믿음"이라는 이름으로 저장이 된다. 일단 판단이 믿음이란 형태로 저장이 되면 그때부터는 급격하게 고착화된다. 건축물에 비유하자면 판단의 재료가 되는 개념들은 시멘트 가루, 판단은 물에 반죽된 시멘트, 그리고 믿음은 시멘트가 굳어서 만들어진 벽이라고 할 수 있겠다.

이미 굳어진 시멘트의 모양이 변하지 않는 것처럼, 사람은 한 번 믿음을 허락한 대상에 대해서는 끝까지 믿으려는 성질을 가지고 있다. 사이비 종교에 빠진 사람들을 보면 믿음의 강력함이 어느 정도인지 잘 알 수가 있다. 가족들이 아무리 설득을 해도 듣질 않고 심지어 집안이 파탄 나도 믿음은 흔들리지 않는다.

이런 모습은 비단 비정상적이거나 특이한 사람들에게서만 보이는 것은 아니다. 정도의 차이만 있을 뿐 우리 모두가 가지고 있는 성질이다. 실제로 사람들은 타인에게는 쓸데없이 고집이 세다고 비판을 하면서도 정작 자신의 의견은 바꾸지 않는다. 자신의 의견은 정당하거나 적어도 일리가 있다고 믿는다.

이러한 믿음의 견고함과 불변성은 교육자들에게는 실로 거대한 과제다. 한 번 만들어진 믿음을 바꾸는 것이 지식을 가르치는 것보다 훨씬 힘들기 때문이다. 아주 조금 과장해서 말하면, 인간의 역사는 인간의 불변성과 벌인 전쟁의 기록이라 해도 과언은 아니다. 그런데 우리 교육은 잘못된 믿음을 올바른 것으로 바꾸어주는 근본적인 역할을 하지 못하고 경쟁의 도구로만 사용되고 있는 게 현실이다. 따라서 내가 사랑하는 사람들, 그리고 나 자신이 가진 믿음의 불변성과의 싸움은 스스로의 지혜로 해나갈 수밖에 없다.

:: 믿음의 중독성

우리가 철썩같이 믿고 있는 많은 믿음들이 모두 과학적이고 완벽한 근거를 가지고 있는 것은 아니다. 별다른 근거 없이도 강력한 믿음을 구축해낼 수 있는 것이 인간의 특징 중 하나다. 물론 한 번 구축된 믿음을 쉽게 바꾸지 않는 특성도 역시 함께 가지고 있다. 특히 한 번 고착화된 믿음을 타인이 바꾸기란 너무나 어려우며, 섣불리 시도하다가는 역효과만 생긴다.

　그렇다면 왜 사람은 믿음을 좀처럼 바꾸지 않을까? 답은 의외로 간단하다. 한번 정해진 믿음을 마냥 고수해 나가는 것이 자존심의 가치를 높이기 때문이다. 요컨대 '유지의 본능'이다. 유지의 본능이 가장 잘 드러난 사례가 바로 믿음과 습관이다. 이 유지의 본능, 다른 말로 '변화 거부의 본능'은 일반적으로 나이가 들수록 강해지기 마련이다. 하지만 나이가 어리다고 해서 유지의 본능이 없는 것은 아니므로 쉽게 바꿀 수 있다고 생각해서는 안된다. 심지어는 자기 자신의 믿음을 바꾸는 것도 쉬운 일이 아니다.

　예를 들어 도박에 중독된 사람은 자신이 언젠간 돈을 딸 수 있다는 희망적 믿음을 결코 버리지 않는다. 정확히 말해 그들은 도박이 아니라 돈을 딸 수 있다는 믿음에 중독된 것이다. 이 믿음의 강력함은 설명할 필요도 없다. 가산을 탕진하고 가족까지 잃는 거대한 파멸이 다가와도 꿈쩍하지 않을 정도로 '믿음의 공고함'은 강력하다.

그러나 아무리 강력해도 그 '믿음'을 건드리지 않고는 그 어떠한 변화도 이룰 수가 없다. 인간이 취하는 모든 행동은 믿음으로부터 발생하기 때문이다. 잘못된 행동을 이끄는 믿음은 대개 세 가지 형태의 개념과 연계된다.

A. 이 행동을 하면 얻을 것이 있다. (Get 획득)
B. 이 행동을 참는 것은 너무나 어려운 일이다.
   (Can't stand 유지불능)
C. 이 행동을 하지 않으면 나에게 커다란 해가 생길 것이다.
   (Harm avoidance 손상회피)

'획득, 유지불능, 손상회피.' 이 세 개의 연계 패턴을 깨지 않으면 학습자를 변화시키는 것도, 우리 스스로를 바꾸는 것도 불가능해진다.

성인의 믿음을 바꾸는 건 아주 힘들고, 이는 어린아이라도 마찬가지이다. 나이가 어리다고 무조건 자신의 방식을 강요하는 사람은 절대로 제대로 된 코치를 해줄 수가 없다.

흔히 우리는 어린 학생들에게 '공부를 잘해야 성공한다'라는 개념을 주입하려고 한다. 그런데 아무리 수없이 이 말을 되풀이해도 학생들의 의욕을 키우지 못하는 경우가 많다. 이 경우 대부분은 말을 듣지 않는 학생을 나무라지만 이는 명백히 교육자의 잘못이다. 이 말이 믿음으로 받아들여지지 못하는 것은 학생에게 문제가 있기 때문이 아니다. 납득이 가지 않기 때문에 받아들여지지 않는 것이다. 납득이 가지 않으면 믿음 대신 의심이 생긴다. 납득할 수 없으면 의심하는 것은 나쁜 것이 아니다. 오히려 의식이 있는 사람이라면 어린이든 성인이든 반드시 필요하다.

의심이야말로 진리에 이르는 길이자 빛이다. 의심의 줄다리기야말로 교육에서 발생할 수 있는 최고의 커뮤니케이션이고, 진리로 나아가는 사다리다. 그런데 대부분 교사나 지도자들은 학습자들과 의심의 줄다리기를 하는 걸 귀찮아한다. 따지고 보면 현재 교사들 역시 "의심"이란 무조건 나쁜 것이라는, 권위주의식 교육의 피해자들이라 할 수 있다.

:: 홀로 존재하는 믿음은 없다

납득이 되지 않으면 의심하는 것은 자기 자신을 변화시키려 할 때도 똑같이 적용되는 패턴이다. 의심을 외면하면 한계에 부딪히게 된다.

기본적으로 인간은 기존에 해왔던 판단, 가져왔던 믿음과 상이한 정보에 대해서는 의심과 거부감을 느끼게 된다. 이를 뛰어넘어 자신과 학습자에게 새로운 믿음을 주기 위해서는 우선 의식 속에서 의심과 기존 믿음 수립에 영향을 끼치는 요소들을 정확히 따져보고, 그것과 커뮤니케이션해야 한다.

우리가 믿음을 조정하려고 할 때 가장 먼저 알아야 할 점은 '홀로 존재하는 믿음은 없다'라는 사실이다. 마음속에서 굳은 믿음으로 자리 잡고 있는 명제들은 반드시 그것을 만들어내고 지지하는 동료 믿음들을 가지고 있다. 여러 개의 개념과 그 개념을 철썩 같이 신봉하는 믿음들은 서로가 서로에게 지대한 영향을 끼치고 있다. 마치 거미줄처럼, 서로 얽혀서 서로의 변화를 얽어매고 있는 모양새를 생각하면 정확할 것이다. 인간의 믿음을 쉽게 바꿀 수 없는 이유가 바로 여기에 있다.

따라서 하나의 믿음을 바꾸려면 그 믿음을 지지하고 있는 선행 개념, 연관 개념까지도 다 흔들어야 한다. 예를 들어 화를 좀처럼 참지 못하고 마구 폭발시키는 사람이 있다면 그는 설사 본인이 인식을 못한다 할지라도 다음과 같은 개념을 믿고 있다.

A. 화를 참으면 몸과 정신 건강에 좋지 않다. (Harm Avoidance)
B. 화를 참는 것은 아주 어렵고 힘든 일이다.
  화를 낼 수밖에 없다. (Can't Stand)
C. 화를 내면 시원하다. (Get)

분노와 짜증에 대한 충동 조절을 하지 못하는 사람을 교정하기 위해선 단지 "화를 내지 말라!"는 명령만으로는 목적을 달성할 수 없으며, 반드시 위와 같은 행동의 지지기반이 되는 개념에 손을 대야만 변화가 가능하다.

그럼 여기서 궁금해지는 것이 있다. 이런 개념이 어떻게 믿음으로 확정되는가 하는 점이다. 당연히 이는 학습을 통해 정해진다. 학습에는 크게 두 가지가 있는데, 첫째는 주입, 둘째는 경험이다.

주입은 특정한 개념 정의를 외부로부터 주입받아 의식에 새겨진 것이고 경험은 주변인의 행동 패턴을 관찰해서 정보를 개념화시킨 관찰 경험 학습과, 본인이 직접 행동을 했을 때 돌아온 결과의 피드백에 따라 개념을 구축한 것이다.

화를 병적으로 못 참는 사람의 경우라면, '화를 참으면 정신 건강에 안 좋다' 등의 개념을 주입받았다고 볼 수 있다. 물론 사람이 개념을 주입받는다고 그것을 무조건 믿는 건 아니다. 자신의 기질과 이전에 겪어온 경험과 그에 대한 대처를 정당화하는 개념을 선택적으로 받아들인다.

주입과 함께 또 한 가지 무시무시한 것이 바로 경험학습, 즉 체득이다. 경험학습이라면 흔히 직접 자기가 겪은 경험만을 주로 생각하지만 실상 우리의 경험들 중 더 많은 비율을 차지하고 있는 것은 간접 경험, 즉 주변의 대상을 보면서 얻은 관찰 정보이다.

예를 들어 분노의 충동 조절을 하지 못하는 사람들은 어려서부터 화를 참지 않고 즉각적으로 폭발시키는 사람들 틈에서 살아왔을 확률이 거의 백퍼센트에 가깝다. 기본적으로 어린 동물은 자주 보이는 일이 무조건 옳은 일이라고 믿게 되고, 반복되면 그에 대한 의무감마저 갖게 된다.

충동 조절 역시 마찬가지다. 주변에서 화를 폭발시키는 사람들만 주로 보아온 사람은 마치 우리가 사무실에서 수영복을 입으면 어색함을 느끼는 것처럼, 화를 참는 '인내'에 대해 큰 부조화를 느끼게 되는 것이다. 그리고 주변 사람들이 화를 처리하는 패턴을 모방해가면서 자신만의 행동 역사(Behavior History)를 구축해나가기 시작한다. 그리고 일정한 단계가 지난 이후에는 자신의 역사를 정당화시켜 줄 수 있는 정보만을 선택적으로 수용하면서 변화하기 힘든 인간으로 굳어져 간다.

관찰 ⇨ 모방 ⇨ 행동 역사 구축 ⇨ 기존 행동 정당화 정보만 수용 ⇨ 행동 패턴 고착화

이미 고착화의 단계에 접어든 이후부터는 제대로 된 학습이 이루어지지 않는다. 고착화된 단계를 동물학적으로 표현하면 각인(Imprinting)이 된다.

개념이 믿음에 각인되는 과정은 시멘트에 글자를 새기는 것과 비슷하다. 처음 부드러운 반죽 단계일 때 별 생각 없이 써놓은 글자도 일단 굳어지면 몹시 지우기 어려운 조각문자가 되고 만다. 따라서 의식이 반죽 시멘트처럼 부드럽고 물렁물렁한 상태에서 행해지는 각인 작업, 즉 교육과 학습이 대단히 중요하다. 교육의 단계로 치자면 초등교육이 중등교육이나 고등교육 못지않게 중요한 것이다.

:: 개념의 종족 번식

의식 속에 단단히 각인된 개념은 하나의 믿음으로 끝나지 않는다. 믿음 역시 자아의 일부로서 마치 살아 있는 생물처럼 자기보호 및 번식 작용을 한다. 일단 믿음이 공고화되면 인간은 새로운 정보를 수집할 때에도 기존에 믿고 있는 개념을 거스르지 않는 정보만을 수집하는 경향이 생기며, 그 믿음을 뒷받침할 수 있는 다른 개념들을 계속 새롭게 덧붙인다.

특정 종교나 학설에 푹 빠진 사람은 기존 학설을 뒷받침해주는 증거 사례나 이론만을 지속적으로 찾아낼 뿐, 그 믿음을 반박하는 논거들은 좀처럼 거들떠보지 않는다. 그러면서 기존 개념 믿음을 뒷받침할 수 있는 하위 개념을 계속 덧붙인다. 이것을 "부모 개념(Mother Concept)이 자식 개념(Son Concept)을 낳는다" 즉, 개념의 종족 번식이라고 표현한다. 인간도 생물이고 생물은 종의 번식을 위해 태어났다. 당연히 인간의 의식도 생물의 일부이므로 그와 같은 패턴을 따라가게 된다.

이렇게 하나의 개념에 대한 믿음이 계속 번식을 해나가다 보면, 나중에는 마치 사람의 가문처럼 믿음의 일가(一家)를 이루게 된다. 이미 일가가 이뤄진 개념 체계에 대해서는 이의를 제기하는 것조차 어려워진다. 더구나 그것을 변화시킨다는 건 대단히 힘든 일이 된다. 개념 체계가 굳어 버린 사람의 믿음은 일반적인 주입이나 강요만으로는 절대 바꿀 수 없다.

민음을 바꾸는 방법 1
근거와 권위

:: 어떻게 바꿀 수 있는가?

사이비 종교나 도박 중독자를 거론하지 않더라도 사람의 믿음을 바꾸는 것이 어렵다는 건 모두가 아는 사실이다. 따라서 타인의 믿음과 싸우려 들지 말고 자기 길을 가는 것이 좋다. 그러나 지도자는 교육을 포기해서는 안 되고 또 자신에 대해서도, 스스로를 바꾸는 게 어렵다고 마냥 포기할 수가 없다.

그렇다면 개념에 대한 믿음은 어떻게 해야 바꿀 수가 있을까?

첫번째로 필요한 것은 역시 근거(증거)다. 어떤 사실을 잘 못 믿는 사람을 믿도록 만드는 과정을 생각해보면 알 수 있다.

재판정에서 나의 무죄를 믿지 않는 판사에게 할 수 있는 것은 내가 무죄라는 증거를 보여주는 일이다. 마찬가지로 행복과 불행, 즐거움과 슬픔에 대해 잘못된 믿음을 가지고 있는 사람들에게 해줄 수 있는 일은 '내가 지금까지 가져왔던 믿음이 잘못된 것일 수 있다'라는 의구심의 근거를 보여주는 것이다. 그것은 가급적 구체적이고 생생하며 시각적일수록 좋다.

현재의 환경에 불만이 있는 사람에게 아무리 말로 "너의 현실에 만족해라, 너는 충분히 좋은 환경이다"라고 강조해봐야 소용이 없다. 그러나 자신이 처한 상황을 객관적으로 비교할 수 있는 근거를 직접 보여주면 이야기가 훨씬 쉽게 풀린다. 인간은 외부 세계에 대한 정보의 80%를 시각에 의지하고 있으며 잠재의식 역시도 시각정보를 가장 신뢰한다.

다만 근거를 보여주는 데도 기술은 필요하다. 국내 유명 도박장의 경우 잭팟을 터뜨리는 사람도 있지만 동시에 빌딩에서 투신하는 사람들도 있다. 그러나 도박중독자는 잭팟 사례만을 유효한 증거로 받아들여 '언젠간 딸 수 있다'는 개념에 대한 믿음을 버리지 않는다. 사람은 믿고 싶은 것을 선택해서 믿기 때문이다. 더 정확히 말하면 본능적 쾌락을 합리화시켜주는 믿음을 골라서 믿게 된다. 믿음이 무너지면 쾌락도 사라진다. 그래서 기존의 믿음을 깨뜨리는 일이 어려운 것이다.

:: 유력한 근거가 통하지 않는 이유

실제로 학생들에게 공부 열심히 해서 성공한 사람들의 강의나 책을 증거로 제시해봐야 일시적인 감정 고양 이상의 효과는 거의 얻어지지 않는다. 우리 자신을 변화시키려 할 때도 마찬가지다. 혹독한 훈련으로 처참하게 변형된 축구선수 박지성이나 발레리나 강수진의 발을 보고 감동을 받아 '더 열심히 살아야지'라고 다짐했던 사람이 족히 수백만은 될 것이다. 그러나 그 수백만의 사람들 중 박지성, 강수진처럼 변한 사람은 거의 없다. 대부분 사람들의 기억에 더 길고 강하게 작용하는 것은, 강수진의 처참한 발이 아니라 유흥과 놀이의 달콤함이다. 따라서 강수진의 발은 결과적으로 우리의 의식에 대한 유효한 증거가 아닌 것이다.

학부모나 교사들이 학생에게 던지는 교육용 충고도 따지고보면 다 일종의 '증거 제시'이다. "공부 잘해야 나중에 빈궁하지 않게 살 수 있다", "운동 열심히 해서 유명 선수가 되면 부와 명예를 다 얻을 수 있다" 등등 교육자들이 던지는 말들은 노력을 많이 하면 삶이 좋아질 것이라는 증거를 제시하고 있는 것이다. 그러나 그런 말들로 분기하게 되는 학습자는 소수에 불과하다.

자기계발에 있어서도 마찬가지다. 아시아인 최초의 유엔 사무총장이 된 반기문의 성공에 큰 감동을 받아 변화를 다짐해도 일주일 후면 다시 성실한 노력가 반기문이 아닌 원래 내 생활 패턴으로 깔끔하게 돌아가고 만다.

　이렇게 반기문, 박지성 등등의 유력한 카드를 내밀었는데도 학습자가 아무 변화가 없다면 원인은 두 가지 중 하나다. 제시한 증거 사례가 학습자에게 아무런 매력이 없거나 아니면 증거를 제시한 사람이 역량이 없거나. 그런데 세계적인 인물이자 국민들의 사랑과 존경을 받고 있는 인물인 박지성, 반기문이 매력이 없을 리가 없으니, 결국 그들을 들먹이며 공부와 훈련을 강요한 사람이 역량이 없다고밖에는 볼 수가 없다.

　여기서 역량이 없다는 말은 인격이 형편없다는 의미가 아니라 육성과 변화 유도 기술이 약하다는 뜻이다. 이는 마치 열의는 있으나 제대로 된 증거를 제시하지 못해서 의뢰인을 패소하게 만드는 무능한 변호사와 비슷하다.

　올바른 증거의 제시는 이처럼 중요하다.

:: 개념 믿음을 지지하는 근거를 찾아라

발생되는 모든 행동에 대해 사람들은 '이 행동을 하니까 좋다'라는 판단을 가지고 있으며 그런 판단을 내리게 만드는 증거가 존재한다.

　공부를 열심히 하는 학생들은 공부를 하게 만드는 개념 믿음을 가지고 있다. 그것은 "공부 잘해야 성공한다. 좋은 대학 가야 출세하기 쉽다. 꿈을 이루기 수월하다." 등등 세속적 사회통념인 경우도 있고,

"공부 열심히 해서 이 사회를 좀 더 행복하게 만드는 데 이바지하겠다!"라는 순수한 것도 있다. 어떤 것이 되었건 그 행동을 떠받치는 증거 없이는 강한 행동력이 나오지 않는다.

그러나 이와는 반대로 공부를 하지 않는 것도 하나의 선택적 행위이다. 열심히 공부하는 학생들이 그를 뒷받침하는 믿음을 가지고 있는 것처럼, 공부를 거부하는 학생들 역시 공부를 하지 않아도 되는 이유에 해당하는 증거를 가지고 있다. 그리고 그 개념이 일반적으로 회자되는 '공부를 해야만 하는 이유'를 압도하고 있기 때문에 그 학생은 공부를 하지 않는 것이다.

이런 상황을 고려하지 않고 진부하고 통속적인 '공부해야 하는 이유'를 늘어놓는 것은 아무 효과도 없을 뿐 아니라 학습자를 점점 궁지로 몰고갈 뿐이다. 그보다는 공부를 하지 않은 것 역시 하나의 적극적인 선택적 행동임을 알고, 그 행동을 뒷받침하는 개념과 그 개념을 믿게 만든 근거가 무엇인지를 밝혀내 그것을 약화시키는 것이 현명한 방법이다.

어떠한 개념이 만들어져도 그 개념은 증거가 뒷받침되지 않으면 죽어버리고 만다. 그런데 우리의 강력한 행동을 떠받치는 개념 믿음들은 대부분이 그 근거가 부실하다. 예를 들어 많은 사람들이 보편적으로 믿고 있는 '열심히 일하는 것도 좋지만 즐거운 인생을 위해서는 적당한 취미 생활 역시 꼭 누려야 한다'라는 명제도 따지고 보면 증거가 부실하다.

일단 적당한 취미생활이라는 게 대체 어느 정도를 뜻하는 것인지,

정확한 값을 도출할 수 없다. 또 취미생활을 하지 않으면 신체적, 정신적으로 피폐해지거나 스트레스를 풀 길이 없다는 말 또한 과학적 근거가 있는 것은 아니다. 인생을 즐겁게 살고 스트레스를 푸는 방법이 취미 생활이 유일한 것은 아니기 때문이다. 다만 이렇다 할 취미가 한 두 가지쯤 있어야 멋지고 풍요로운 인생이고, 그렇지 않으면 각박하고 건조한 삶이라는 개념 정의가 어느 틈엔가 마음속에 자리 잡고 있는 것뿐이다. 하지만 이는 "난 그렇게 생각하지 않는데?"라는 한 마디면 부서질 근거 부실한 개념이다.

취미 없는 심심한 삶이 꼭 나쁜 것인가? 유명한 게임 개발 및 서비스 회사인 NC소프트의 김택진 대표는 많은 인터뷰에서 "나는 심심하게 사는 사람이다"라고 말한다. 세계적인 명상 지도자인 오쇼 라즈니쉬는 "권태는 탐구를 위한 자극이며, 신을 향한 자극이고, 도를 향한 자극이다"라는 말을 남기기도 했다. 삶의 의미와 즐거움을 취미라는 일률적인 자로 잴 수는 없는 것이다.

즐길 줄 아는 취미가 없으면 인생이 건조하고 초라하다는 통념과, 취미 따위 없어도 아무 문제 없다는 주장 모두 과학적인 근거는 없다. 즉, 양쪽 다 모호한 주장이다. 따라서 이 양쪽 주장 어느 쪽을 따르든 그것은 근거 없는 믿음이 된다. 다만 대부분의 사람들은 감각적 즐거움이 커지는 방향으로 주저 없이 기우는 것이다.

우리는 잘못된 행동을 지지하는 근거나 증거에 대해 우선 다음 세 가지를 제시하며 설득에 나설 필요가 있다.

① 그 근거가 실체적으로 증명된 것이 아니다.

② 이 세상을 지배하는 보편적 가치관도 아니다.

③ 그 근거에 반하면서도 얼마든지 멋진 삶을 살 수 있다는 새로운 근거가 있다.

이것은 교육뿐만 아니라 자기계발에 있어서도 마찬가지다.

우리가 가지고 있는 믿음의 대부분, 그리고 그 믿음을 지지하는 증거 인식에 있어 우리의 주체적 선택은 놀라울 정도로 적다. 따라서 얼마나 제대로 된 믿음, 정확한 근거를 주입받으며 자라는가 하는 것이 그 사람 인생의 상당 부분을 결정하게 된다.

그러나 위와 같은 방법으로 설득을 시도해도 그 믿음이 좀처럼 변하지 않을 수 있다. 근본적으로 믿음이라는 것을 만들고 유지시키는 또 다른 동력이 존재하기 때문이다.

:: 인간은 권위에 의지하고 싶어 한다

사실 근거가 부실한 믿음의 사례는 얼마든지 들 수 있다. 수십 억을 잃고도 도박을 멈추지 않는 사람, 사이비 종교 때문에 가족조차 팽개친 사람 등등. 그들에게 왜 믿느냐? 라고 믿음의 근거를 물어보면 돌아오는 답변은 일반적 사고로는 이해하기 힘든 것들뿐이다. 그런 모습을 보며, "어떻게 인간은 증거도 부실한 개념들을 이처럼 단단히 믿을 수 있는 걸까?"라는 궁금증이 생긴다. 대체 믿음을 구축해내는 동력은 무엇일까?

믿음 구축의 동력 중 또 하나의 강력한 요소가 바로 권위다. 사람들은 똑같은 말이라도 권위 있는 사람이 말하면 '증거"로 받아들이고, 권위가 없는 사람이 이야기하면 들으려 하지도 않는다. 심지어 부실한 근거도 권위 있는 사람이 말하면 진실이 되고, 탄탄하고 실체적인 근거라도 권위가 없으면 허튼소리가 되고 만다.

따지고 보면 베스트셀러 저자들이나 유명 강사들이 하는 말들 중에 새로운 내용은 별로 없다. 그러나 과거에 분명히 알고 있던 말이라도 큰 권위를 등에 업은 사람이 이야기하면 마음에 와서 박히는 강도가 다르다. 이런 점에서 보자면 교육자도 자신의 말을 듣지 않는 학습자를 대할 때 그의 반항적 성격에만 시선을 보낼 것이 아니라 자기 자신이 권위가 부족한 것은 아닌지 고민해볼 필요도 있다.

자신을 계발시키려 할 때도 마찬가지다. 실제로 "오늘부터 담배를 끊어야지"라고 스스로에게 아무리 다짐을 해도 결국 다시 라이터를 손에 잡게 되지만, 명망 있는 의학계 권위자나 종교 지도자들이 금연을 권유하면 혼자 했던 다짐보다 훨씬 큰 울림이 일어나곤 한다. 그러나 현실적으로 자기 자신의 말보다 자기 외의 권위자를 더 따르는 마인드를 가진 사람은 스스로 자기 변화를 이끌어내기가 대단히 어렵다.

강한 자기 절제력을 얻기 위해선, 자신의 말에 인위적으로 권위를 부여해야 한다. 자신의 말에 권위가 없으면 우리는 내 말이 아니라 남의 말을 듣는 사람으로 전락해버리고 만다.

:: 권위 빌리기

타인이든, 자신이든, 기존 행동 패턴에 변화를 가하려면 기존 행동 패턴을 지지하는 근거, 그 근거를 지지하는 권위를 뛰어넘는 새로운 권위를 확보하는 수밖에는 없다. 권위 없는 메시지는 절대 의식에 착상되지 않는다. 변화 메시지 역시 마찬가지다.

그렇다면 권위는 대체 어떻게 해야 높여갈 수 있을까? 뻔한 얘기지만 돈을 많이 벌거나 높은 학벌, 지위 등 모두가 인정할 만한 세속적 실적을 거두면 권위는 저절로 생길 것이다. 하지만 문제는 우리들 대부분이 그러한 화려한 실적이 없다는 것이다. 그렇다면 다른 방법을 찾아야 한다.

권위가 없는 사람이 쓸 수 있는 방법 중 가장 쉬운 것은, 권위를 빌리는 방법이다. 사이비 종교인, 사이비 무속인들이 사람들을 끌 수 있는 것은 그들이 영적인 존재의 권위를 차용하기 때문이다. 신의 권위를 빌려 메시지의 전달력을 강화한 후 인간의 감정 중 가장 민감한 공포심을 자극하여 자신의 말을 따르게 만든다. 좋은 방법은 아니지만 타인을 속이기 위해서가 아니라 자신의 변화를 추구하는 측면에서는 시사하는 바가 분명히 있다.

기본적으로 인간은 권위에 순종하려는 습성이 있다. 이를 증명한 스탠리 밀그램(Stanley Milgram)의 실험은 너무나도 유명하다. 이 실험은 1960년대에 예일대학의 스탠리 밀그램 교수가 실시한 권위에 대한 복종 실험이다.

밀그램은 전문배우 두 사람을 연구소로 초빙하여 한 사람은 교사의 역할(권위적 인물)을 연기하도록 하고 또 한 사람은 학생의 역할을 하도록 주문했다. 실험에서 두 배우는 마치 체벌을 통한 학습 성과의 개선여부를 실험하고 있는 교수와 학생처럼 행동했다.

그리고 이 실험의 실제 대상자들에게는 이 두 사람이 연기를 한다는 것을 숨긴 채 이 실험에 도우미로 참여해달라는 부탁을 했다. 그들의 임무는 교수가 학생의 학습 성과를 개선시키기 위해 전기충격을 가하는 체벌을 대신 집행하는 것이었다. 전기충격은 단추를 누를 때마다 한 번씩 가하도록 하고 충격의 정도는 횟수가 반복될수록 점점 높아졌다. 최고 전압은 450볼트로 사람이 죽을 수도 있는 정도였으나 참가자들의 65%가 지시에 따라 그만큼 전압을 높였다.

이 실험의 가장 큰 시사점은 예일대를 언급할 때와 그렇지 않을 때 결과값이 달랐다는 점이다. 즉 평범한 사람이 요청했으면 당연히 거절했을 행동을 '예일대'라는 권위를 가지고 이야기하자 의심 없이 맹종했다는 것이다. 지극히 평범하고 뻔한 이야기라도 명문대 교수라는 권위가 있으면 베스트셀러가 되는 것도 이 실험과 같은 원리다.

물론 명문대 교수가 쓴 뻔한 이야기 책이 전혀 쓸모없다는 것은 아니다. 자신의 다짐으로는 강한 행동력을 만들어내지 못한 젊은이가, 명문대 교수의 권위를 빌려 행동의 추진력을 얻게 되었다면 그것은 나름대로 좋은 효과라 볼 수 있다. 이런 식의 '권위 빌리기'는 타인의 교육에 있어서도 충분히 유효한 방법이 될 수 있다. 예를 들어, 중학교 선생님이 학생들에게 금연 교육을 할 때 하버드 의대 교수의 말을 빌려 담배의 폐해에 대해 조목조목 설명해준다면 그것은 아무런 근거를 대지 않거나 누구나 하는 진부한 이야기보다 효과적인 교육이 될 것이다.

교육자는 특정 분야에 있어 자신의 권위가 교육 효과를 담보할 수 있을 만큼이 안 된다고 판단되면 과감하게 권위를 빌리는 방식을 채택할 필요가 있다. 교육의 목적은 교육자의 자아실현이 아니라 학습자의 성장에 있기 때문이다.

그러나 자기계발에 있어 권위를 빌리는 방식에는 한계가 있다. 더 권위 있는 사람의 말에만 귀 기울이는 습관이 붙으면 정작 가장 중요한 자기 자신의 목소리를 들을 기회를 점점 잃게 될 위험이 생기기 때문이다. 아무리 위대한 현인의 말씀이라도 자기 내면의 목소리보다 더 가치 있는 것은 아니다. 명사의 강연을 찾아다니는 것도 좋지만 거기에만 의존하게 된다면 학습과 현실 사이에 괴리만 커진다. 사실 모든 문제의 답을 모두 외부에서 구한다는 것을 불가능하다. 따라서 스스로 권위를 느낄 만한 답을 만드는 훈련을 해나갈 필요가 있다. 자신의 말을 믿지 못하게 될 때 인간은 미래를 잃는다.

:: 권위 부여의 방법

그럼 스스로 자신의 권위를 구축해나가는 방법은 무엇일까? 기본적으론 간단하다. 결론을 단순하게 내리는 습관을 버리고, 세상에 존재하는 수많은 명제들을 실체적 증거를 토대로 꼼꼼히 검증하는 태도를 갖춰나가는 것이다. 대부분의 권위는 높은 지위나 사회적 성공 등 배경에서 나오지만, 때에 따라선 아무런 배경이나 선입견 없이 순수하게 콘텐츠만으로 권위를 발생시킬 수도 있다. 그 방법은 최대한 모든 면에서 합리적 근거를 찾는 것이다.

예를 들어 공부 안하는 학생에게 공부를 해야 하는 당위성을 설명할 때 "공부 열심히 해야 성공한다!"라는 방식으로 설득하려 할 경우, "공부가 아니어도 성공한 사람들은 많잖아요?"라는 말 한마디에 바로 설득력이 떨어져버린다. 거기에 "그래도 공부를 잘해야 성공할 확률이 높아지지? 공부 안하고 성공하는 사람은 소수야"라는 반론은 설득에 아무 도움이 안 된다. 애초에 한 개인의 가능성을 '통계'로 측정하려는 발상 자체가 논리적으로 말이 안 되기 때문이다. 중요한 건 통계가 아니라 개인의 역량이다.

이런 근거가 통하지 않으면 그 다음엔 "너 나중에 후회하지 마라!" 등등의 더 감정적이고 위협적인 언사를 남발하곤 하는데 그런 식으로는 설득이 될 리가 없다.

언론은 연일 공부 잘해서 출세했지만 부패한 인사들의 기사로 도배되는 반면 진짜 학생들의 눈과 귀를 사로잡는 건 엔터테이너나 스포츠 스타 등 공부와는 별 관계없이 부와 명예를 움켜잡은 사람들의 이야기다. 공부 잘해야 성공한다고 목청을 높이는 선생님의 설교보다 스타를 주목하는 데 월등히 많은 시간을 보내는 학생들에게 이런 말은 설득력을 가질 수 없다. 증거도 막연하고 말하는 사람의 권위도 크지 않기 때문이다.

이처럼 충분한 근거도 없으면서 가볍게 권위를 내세우는 사람들이 많이 사용하는 방법 중 하나가 바로 긍정의 강요다. "넌 왜 이렇게 부정적이니? 긍정적 사고를 가져라. 긍정적으로 열심히 해봐. 다 잘될 거야." 그러나 그들 대부분이 얘기하는 긍정은, 긍정이라기 보단 맹목에 가깝다. 긍정의 탈을 쓴 맹목으로는 남은 물론 자신도 육성하기가 어렵다.

무엇보다 좋은 것은 외부의 권위에 의존하기보다 자신의 권위를 높여 나가는 것이다. 언제까지 유명한 교수나 종교인들의 권위에 의존하고 멘토를 찾아다닐 것인가. 더구나 일상의 세세한 부분까지 그들의 의견을 듣고 행동할 수는 없다. 결국 자신이 필요한 행동 양식이나 변화는 스스로 만들어낼 수밖에 없으며 그러기 위해서는 자신의 말에 대한 권위를 높여야 한다.

:: 의심이 권위를 높인다

자신의 말로 자신의 행동을 이끌려면 어떻게 해야 하는가. 자신의 말에 권위를 부여해나가는 수밖엔 없다. 그렇다면 내 말이 나 자신에게 권위가 있으려면 어떻게 해야 하는가? 권위를 가질 만한 깊이 있고 옳은 이야기를 하면 된다. 그럼 어떻게 해야 그런 말을 할 수 있게 되는가. 방법은 하나다. 사안에 대해 충분히 의심해보는 수밖엔 없다. 아이러니하게도 우리는 '내가 틀린 건 아닐까? 내가 하는 말이 정말 맞는 걸까?'라는 의심을 진심으로 하면 할수록 학습자에게든, 자신에게든 오히려 권위가 올라가는 현상을 느낄 수 있게 된다.

권위의 양은 의심의 양에 비례한다.

'살을 빼야지!'라는 결심을 강하게 다지면서도, '그래도 인생 최고의 기쁨이 먹는 즐거움인데, 미용을 위해 그걸 포기하는 건 어리석은 일 아닌가?'라는 의구심을 마음 한켠에 가지고 있는 것이 우리의 잠재의식이다. 이런 숨겨진 의심에 정면으로 맞서지 않고는 제아무리 해병대 캠프에서 몸을 구르다 와도 곧바로 필연적으로 다시 돌아오는 살들을 맞이할 수밖엔 없다.

의심을 무조건 나쁜 것, 피해야 할 것으로 여겨왔던 사고 습관이 우리의 변화를 막고 있는 것이다. 자신의 권위를 높이기 위해서는 내면의 의구심을 정면으로 받아들이고 끊임없이 검증하면서, 자신의 사유에 권위를 부여해야만 한다.

공부를 하는 학생들도 '공부 잘해야 성공한다. 좋은 학교를 가야 출세한다'라는 막연한 명제를 무조건 받아들일 게 아니라, 그 말이 틀린 것은 아닌지 열심히 의심해보아야 한다. '과연 그게 맞나?' 혹은 '과연 그런 이유로 나는 공부를 해야 하는가?'라는 의심은 어떠한 경우든 긍정적 결과를 나타낸다. 해볼 수 있는 데까지 충분한 의심을 하고난 이후라면, 공부를 하더라도 더 몰입해서 할 수 있고, 공부 외의 다른 길로 나아갈 때도 미련 없이 더 가열찬 에너지로 박차고 나갈 수 있게 된다.

의심이 권위를 만들고, 권위가 에너지를 만든다. 따라서 마음속에 숨어 있는 의심을 외면하면 필연적으로 행동력이 떨어지게 된다.

:: 기존 권위를 부수는 방법

새로운 권위를 만드는 것도 어렵지만 사실 그보다 더 어려운 것은 기존의 권위를 뛰어넘는 일이다. 사이비 종교에 빠진 사람을 좀처럼 구할 수 없는 것은 '신'보다 더 큰 권위를 가진 개념이 좀처럼 없기 때문이다. '신의 말씀'을 인간이 대적할 수 없다. 그러니 주변의 만류는 아랑곳 없이 꿋꿋하게 파멸적 행동을 계속해나갈 수 있다.

일단 기존의 권위를 뛰어넘는 권위를 가지기 힘들다고 느껴지면 역방향의 방법을 생각해본다. 점진적으로 기존의 권위를 부수어나가는 것이다. 예를 들어 불량스런 친구들과 어울려 음주, 흡연, 폭행을 하고 다니는 학생이 있다면, 그 학생의 마음에선 부모나 교사보다 친구 동아리의 계율이 훨씬 강한 권위를 갖고 있는 것이다. 이럴 때 교사가 명백하게 학생의 마음속에 친구들의 권위보다 자신의 권위가 낮다는 사실을 외면한 채 일방적인 가르침을 주입하려고만 한다면 당연히 반발을 살 수밖엔 없다.

이런 경우 그 학생이 불량한 친구들과의 유대를 단번에 끊지 못한 다면 함께 어울리는 친구들의 권위를 서서히 깎아내리는 것도 좋은 방 법이다. 즉 직접적으로 그 친구들과 어울리지 말라고 지시를 하는 게 아니라 그들이 저지르는 행태의 무가치성을 집중적으로 부각시키고, 결정적으로 그들을 인정해주는 사람들이 실상은 거의 없거나, 있어도 현실성 없는 허상에 불과하다는 점을 알려나가는 것이다.

중독과 방탕의 혼돈을 겪는 사람들의 특성 중 하나는 혼자서 빠져 드는 경우가 거의 없다는 것이다. 자기 방에만 틀어박혀 생활하는 은 둔형 중독자의 경우라도 반드시 온라인 상에서 일정한 커뮤니티에 몸 을 담고 있다. 그리고 자기가 몸담고 있는 커뮤니티, 함께 하는 동료들 끼리 서로서로 많은 권위를 부여해주는 것이 그들의 심리 패턴이다. 이 경우라면 그들은 게임이나 독특한 컬트 문화 그 자체에 빠져 있는 것과 아울러 인간관계에 중독되어 있다고도 보아야 한다.

:: 인간관계도 중독이다

똑같은 행동을 해나가는 다른 사람에게 권위를 부여하게 되면 나 역 시 그 행동을 지속해나가야 하는 의무감(하지 않으면 안 될 것 같은 느 낌)을 갖게 된다. 이런 경우는 반드시 그 행동과 가치를 공유하는 동료 들에 대한 권위를 부수어야 치료의 효과가 높아지게 된다.

인간이 처음으로 사로잡히게 되는 대상은 약물도, 음식도, 게임도 아닌 바로 '다른 사람'이다. 술, 담배, 살찌는 음식, 마약 등 그 어떤 중독도 누군가 다른 사람의 권유 없이 오로지 혼자서 시작하는 경우는 없다. 설사 직접적 권유가 없더라도 미디어를 통해 보거나 그 일에 즐겁게 빠져 있는 사람을 보게 되는 간접 권유의 경험이 반드시 존재한다. 결국 모든 행동의 원인은 사람이다. 행동을 바꾸려면 그 행동을 함께 하고, 가치를 공유하는 사람들과 그 집단의 권위를 허물어뜨려야만 한다.

사람, 혹은 집단의 권위를 허물어뜨리는 세부 방법은 사례에 따라 천차만별이다. 효과적인 방법 하나를 소개하자면, 그의 행동과 가치가 일관성이 없다고 알리는 것이다. 예를 들면 살찌는 음식을 지나치게 즐기는 한 학생이 유명 연예인이 진행하는 맛집 탐방 방송을 보고 있을 때, "사실 저 연예인 ○○○은 방송에서만 저런 모습을 보일 뿐 실제로는 음식을 엄청 적게 먹는다는군. 자신은 평소에 신경을 써서 다이어트하면서 방송에서만 저런 가식적인 태도를 보인다니까"라고 말해 주는 것이다. 또 한 학생이 학교에서 또래 친구와 놀러 다닌 이야기를 하고 있을 때, "너랑 어제 놀러 다닌 그 친구, 실제로 평소엔 새벽 두 시까지 공부한대"라고 말해주는 식이다. 이런 말을 한다고 갑자기 미식이나 유흥을 전면 중단할 리는 없지만, 최소한 브레이크 없는 차처럼 거침없던 그릇된 행동 패턴에 한 줄기 균열을 만들 수 있다. 그 한 줄기 균열로는 아무 변화가 없을지 모르지만 10개, 50개 계속 균열을 만들어나가다 보면 어느 샌가 내면이 바뀌게 된다.

이렇게 변화를 필요로 하는 사례들은 워낙 다양하기 때문에 각 사례에 맞는 좋은 방법을 고민해나가는 수밖엔 없다. 그러나 기본 원칙은 같다. 인간의 행동을 뒷받침하는 것은 개념에 대한 믿음이고 그 믿음을 뒷받침하는 것이 권위다. 타인을 교육할 때나 자신의 변화를 도모할 때나 행동을 바꾸기 위해선 잘못된 믿음의 근거를 발견하고 그 근거를 지탱하는 권위를 부수어야 한다는 점을 늘 의식할 필요가 있다.

행동은 믿음의 산물이다.
⇩
믿음은 근거의 산물이다.
⇩
행동을 바꾸려면 새로운 근거를 제시해야 한다.

행동은 믿음의 산물이다.
⇩
믿음은 근거에 대한 권위로부터 지지된다.
⇩
행동을 바꾸려면 기성 권위를 부수어야 한다.

믿음을 바꾸는 방법 2

잠재인격체

:: 믿음의 성질, 잠재성

근거와 권위를 확보하고 아무리 바꾸려 노력해도 행동이 잘 바뀌지 않을 수 있다. 그런 현상까지 설명하기 위해 근거와 권위 말고도 믿음의 또 다른 성질 하나를 더 살펴보아야한다. 그 요소는 바로 잠재성이다.

하나의 개념과 판단이 믿음으로 고착화되면 그것은 서서히 우리의 잠재의식 아래로 내려가 숨는다. 그리고 드러나지 않게 우리를 지배한다. 물론 모든 믿음이 다 잠재의식에 숨어 있는 건 아니지만, 우리에게 부정적 영향을 끼치는 믿음들은 주로 잠재의식에 서식하고 있다.

우리는 공부해야 할 때 불쑥 '사람에겐 휴식도 필요해!'라는 의식이 치밀고 올라오는 것을 경험한다. '다이어트해야지'라고 다짐하다가도 식사 때가 되면 '그래도 맛있는 음식 먹는 게 삶의 빼놓을 수 없는 즐거움 아니겠어?'라는 개념이 확 치밀고 올라온다. 우리의 발전적 행동을 막는 개념 믿음은 대개 평소에는 숨어 있다가 순간적으로 떠오른다.

그런데 우리는 이 숨어 있는 잠재성의 특징을 제대로 인식하지 못하기 때문에 행동 교정이 성과를 내지 못하고 늘 좌초하곤 한다. 먹지 말아야 할 음식을 실컷 먹고 나서 뒤늦게 '어휴, 왜 먹었지! 정말 한심해. 의지력이 부족한 거야. 다음부터는 절대 안 먹겠어!' 등등의 다짐을 하는데 이것은 지극히 표피적 커뮤니케이션일 뿐이다. 이런 다짐은 정확히 말해 '껍데기 커뮤니케이션'이다.

다짐은 껍데기 커뮤니케이션이다.

가벼운 푸념과 다짐은 절대 깊숙한 곳에 숨어 있는 잠재적 믿음에까지 다다르지 않는다. 개선이 따르지 않는 푸념 따위는 아무리 해봐야 다음에 역시 똑같은 결과가 반복된다는 것은 우리 모두 이미 충분히 알고 있는 사실이다.

:: 숨은 믿음을 유지시키는 잠재인격체

우리가 변화라는 목적을 이루기 위해서 하루 24시간 내내 불타는 정신력을 유지할 필요는 없다. 필요한 순간에만 정신력을 발휘하면 된다. 다이어트를 하는 사람이라면 음식을 먹을 때만 그 각오를 지킬 수 있으면 된다. 그러나 대부분 사람들은 하루 종일 각오를 다지다가도 음식을 대하는 순간 무너진다.

식이조절을 계속 실패하는 사람들의 주요 특징 중 하나는 음식을 먹기 전, 먹을 때, 먹고 난 이후, 이렇게 이 세 가지 시점에서의 심리 상태가 제각각 다르다는 것이다.

① 배가 부를 때 : 다이어트에 대한 의지를 다진다.
② 먹기 직전 : 갈등 시작. 먹는 것을 정당화하는 사고가 일어나기 시작한다.
③ 먹을 때 : 행복감. 쾌감에 몰입. 먹는 행위에 집중. 일시적 판단사고의 정지.
④ 먹은 후 : 자책. 몸매 관리의 중요성을 새삼스레 재인식. 다시 의지를 다짐한다.
⑤ : ①~④ 과정을 무한 반복.

이런 예시는 비단 다이어트뿐만 아니라 우리가 일상적으로 흔히 겪는 일이다. 왜 우리는 똑같은 대상을 놓고도, 때에 따라 전혀 다른 판단을 내리게 되는 것일까? 이는 우리 안에 하나가 아닌 복수의 판단 주체가 있기 때문이다. 그 서로 다른 판단 주체를 인식하고 건드리지 않고는 기존의 행동, 그 행동을 이끄는 믿음을 깨뜨릴 수가 없다.

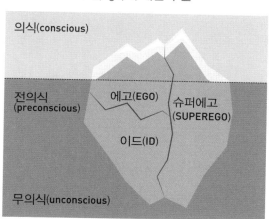

자아(Ego)에 대한 구분

프로이트의 빙산

프로이트를 모르는 사람은 없을 것이다. 위 그림이 바로 유명한 '프로이트의 빙산'이다. 프로이트는 이 그림처럼 우리의 마음을 인격체, 즉 자아라는 빙산이 의식이라는 바다 위에 떠 있는 형태로 묘사했다. 이중, 의식은 의식(Conscious), 전의식(Preconscious), 무의식(Unconscious) 세 가지로 나누고, 자아는 다시 에고(Ego, 자아), 슈퍼에고(Superego, 초자아), 이드(Id, 본능적 충동 에너지)로 나누었다. 프로이트에 따르면 우리의 행동 결과는 각각의 의식과 에고들의 상호작용에 의해서 발행되는 것이다.

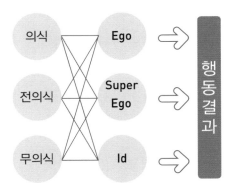

심리와 행동을 발생시키는 의식과 에고의 조합(필자 그림)

이 구분이 복수의 자아, 다중적 의식을 설명하는 가장 유명한 틀이다. 물론 이 구분이 맞느냐 안 맞느냐를 따지는 건 우리에게 크게 중요한 일이 아니다. 융의 말대로 우리의 마음은 이것이기도 하고 저것이기도 하기 때문이다. 중요한 것은 우리의 내면을 일정한 형태로 구분한다는 그 발상 자체이다.

살다보면 우리는 다중인격이라는 병명도 가끔 듣고, 또 평소에는 괜찮다가 술을 마시면 갑자기 폭력적으로 돌변한다든가 집에서의 모습과 회사에서의 모습이 서로 상반되는 사람들을 보게 된다. 우리 자신도 술이나 음악, 여흥이 있는 환경에 노출되면 평소와는 다른 언행을 하는 걸 스스로 목격할 때가 많다. 이런 경험들을 통해서 보면 사람 모두의 마음 안에 평소의 자신과 다른 인격체가 존재하고 있음을 인정하지 않을 수가 없다.

인격의 유동성은 누구나 가지고 있는 심리적 현상이다. 다만 정도의 차이가 있을 뿐이다. 나 자신의 인격이 고정적이지 않다는 사실을 인정하지 않으면, 결정적인 순간마다 통제력을 상실해버리는 자신을 컨트롤하기가 매우 어려워진다. 특히 저지름과 후회를 지속적으로 반복하는 사람이라면, 이 사실을 꼭 인정해야 한다.

:: 내 안의 인격가족, 이너 패밀리(Inner Family)

한 인간의 내면에 존재하는 여러 인격과 관련해 많은 시사점을 주는 개념 중 이너 패밀리(Inner Family)라는 것이 있다. 한 사람이 그간 겪어왔던 사물이나 사건에 대해 서로 다른 태도와 반응을 보이는 잠재자아(subself), 혹은 잠재적 인격체(subpersonality)가 사람의 마음에 각각 상주하며 패밀리를 구성하고 있다는 개념이다.

심리학자 존 로완(John Rowan)은 "한 사안에 대해 내적인 갈등을 겪는다는 사실은 우리에게 한 가지 이상의 인격이 있다는 것을 반증한다"고 말했다. 동시에 그는 "잠재인격은 독립된 한 인격으로 행동하는 능력을 가진 반영구적이고, 반자율적인 인격의 영역"이라고 말했다. 여기서 주목해봐야 할 것은 독립적이란 것과 행동하는 능력을 가졌다라는 말이다. 우리가 내 안의 자아에 관심을 가져야 하는 이유는, 그들이 가진 강력한 행동 유발 능력 때문이다. 우리의 마음 안에는 분명히 필요 이상으로 먹게 만들고, 필요 이상으로 놀게 만들고, 필요 이상으로 우리를 소모시키는 행동을 만드는 무언가(누군가)가 있다. 그리고 우리 몸은 안타깝게도 자주 그들의 지시에 따른다. 이너 패밀리라는 개념에 따르면 마음속 각각의 에고들은 어느 정도 독립되어 있기 때문에 쉽게 컨트롤되지도 않는다.

가끔 영화나 소설에서 지킬 박사와 하이드 같은 이중인격자를 보면 공포스럽기 그지없다. 그러나 사실 지킬 박사는 우리 모두의 모습이다. 우리는 '열심히 저축해야지!'라고 다짐하는 지킬과 "돈 좀 쓰며 신나게 놀아보자!"라고 외치는 하이드 사이를 늘 왔다갔다 하며 살아간다. 정도의 차이만 있을 뿐 인간은 모두가 다중인격자라고 볼 수 있다. 이 말이 과하다면 '다중관점'이라고 해도 무방하다. 어쨌든 평상시의 다짐과 다른 행동을 갑자기 하게 만드는 무언가가 우리 안에 있으며 어떤 형태로든 그걸 인정해야 더는 일탈된 행동을 하지 않게 된다.

타인과 대화할 때도 마찬가지겠지만 커뮤니케이션의 제1원칙은 상대방을 인정하는 것이다. 살을 빼겠다고 다짐을 해도 피자만 보면 손을 내밀고마는 의지박약한 모습, 강의를 듣겠다고 인터넷에 접속했다가 연예 뉴스나 클릭하고 있는 집중력 없는 행태 등은 인정하긴 싫지만 분명히 내가 저지르는 행동들이다.

인정하기 싫은 자신의 추한 모습을 그대로 받아들이는 건 괴로운 일이기는 하나, 그 존재를 인정하지 않으면 내 안의 깊은 곳에서 영원히 상주해버릴 수가 있다. 받아들이기 싫은 모습일지라도 자신의 모습으로 인정하고 끌어안아 발전의 의지를 가진 나의 선한 에고로 통합하고 이끌어야 한다.

:: 우리 안의 에고들

이제 우리는 스스로를 비판하거나 자책할 때 그 방법과 태도를 바꿔야 한다.

"나는 왜 이리 한심하지?"
"나는 역시 의지가 약해."
"내가 뭘 할 수 있겠어."

이런 방식으로 나라는 인격체 전체에 비판을 가하면 안 된다. 원래 비판이란 개선을 위해서 하는 것인데 이런 식으로 애매하게 전체를 비판해버리면 정작 우리가 원하는 변화는 발생하지 않는다. 나라는 전체 인격체를 비판할 것이 아니라 잘못을 저지르는 그 자아, 에고를 선택적으로 비판해야 한다.

우리가 하는 수많은 행동과 마음에서 일어나는 감정들은 종류별로 그 각각을 전담하는 에고들이 있다. 쾌감을 담당하는 에고, 공포를 담당하는 에고, 행복을 담당하는 에고 등이 각각 나뉘어 있다. 다만 프로이트의 빙산에서 알 수 있듯이 어떤 인격체는 우리가 인지하기 쉬운 반면, 어떤 것은 바다 아래 깊이 잠들어 있는 해저 빙산의 형태를 취하고 있다.

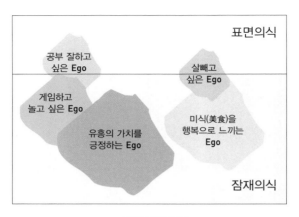

평상시의 의식

위 그림은 의지 충만한 평상시의 마음 상태를 도식화해본 것이다. 그러나 이런 좋은 상태가 늘 유지되는 것은 아니다. 밤만 되면 도로를 달리는 스피드족마냥, 어떤 시점에 도달하면 급격하게 자제력을 잃고 당초 가졌던 다짐을 내팽개치는 경우를 우리는 흔히 겪는다.

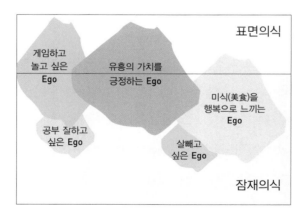

유흥에 빠질 때의 의식

일단 작은 빙산(Sub-Ego)들의 크기도 변하고, 수면 위와 아래의 포지션도 바뀐다. 탐식과 유흥을 좋아하는 에고가 다이어트나 공부에 노력하고자 하는 에고를 덮어버리기도 한다. 이렇게 되면 "다이어트고 뭐고 일단 먹고 보자", "일이고 뭐고 일단 놀고 보자"가 되는 것이다.

기본적으로 행동을 유발하는 것은 외부 대상이지만, 그 대상을 인식하는 것이 바로 에고이다. 아이스크림이 우리를 먹는 행동으로 이끌지만, 아이스크림을 맛있는 것이라고 인식하는 것은 내면의 에고이다. 에고라는 정보의 요리사는 우리가 접하게 되는 모든 외부의 대상 정보를 적절히 요리해서 기억이라는 창고에 저장해 놓는다. 숨은 에고는 우리가 전혀 느끼지 못하는 지금 이 순간에도 각종 행동을 야기하는 정보의 요리를 꾸준히 지속하고 있다.

만일 우리가 어떤 행동을 끊고자 한다면, 그 행동을 유도하는 정보를 가공해 마음속에 저장하는 주체, 바로 그 에고를 어떤 방식으로든 컨트롤해두어야만 한다. 인류학자 찰스 크래프트(Charles Kraft)는 거의 모든 사람이 주자아와 잠재인격/잠재자아와 대화하는 것이 가능하다고 말했다.

심리학자 조너선 하이트(Jonathan Haidt)는 우리의 마음을 관광객을 태운 코끼리에 비유한다. 인도에 가면 코끼리를 타고 관광을 즐길 수 있다. 채찍을 들고 코끼리 등에 탄 관광객은 자신이 코끼리를 조종하고 있다고 생각하지만 사실 코끼리는 자신이 가고 싶은 방향으로 간다. 아무리 위에서 왼쪽으로 가라, 오른쪽으로 가라 지시한다고 해서 거대한 코끼리의 마음을 움직일 수 있는 것은 아니다. 따라서 어떤 행동의 변화를 바라거나 가고 싶은 방향이 있다면 코끼리를 움직이게 해야지 위에 올라타 있는 관광객에게 아무리 말을 해봐야 아무 소용이 없다. 이 코끼리를 바로 숨은 에고에 비유할 수 있다.

설득하든, 부숴버리든, 크기를 줄이든, 아니면 선한 에고에 통합시키든, 이 숨은 에고에 미리 작업을 해놓지 않으면 식탁 앞에 앉았을 때나 컴퓨터 마우스를 잡았을 때, 그리고 밤이 도래했을 때처럼 노력과 나태를 나누는 행동의 갈림길을 마주했을 때, 또 다시 패배의 멍에를 뒤집어쓰게 된다. 그때 닥쳐서 하려고 하면 늦는다. 미리 조치해 놓지 않으면 '노력 에고'는 '나태 에고'를 감당하기 어렵다.

:: 숨은 에고의 융기

기본적으로 숨어 있던 잠재인격체의 돌출은 화산폭발로 터져 나오는 마그마를 연상하면 이해가 쉽다. 땅속에서 흐르는 마그마는 평소에는 보이지 않는다. 그러나 폭발해서 터져 나오면 엄청난 인명과 재산의 피해를 가져온다. 평상시에는 잘 드러나지 않다가 중요한 순간에 터져 나오는 잠재적 믿음과 에고들은 이런 마그마와 같은 존재다.

성추행이나 폭행, 절도를 저지르는 사람들 중에 1년 365일 범죄를 저질러야겠다는 생각에 휩싸여 지내는 사람은 거의 없다. 평상시에는 일반인과 크게 다르지 않다가 갑자기 폭발적으로 행동해버리고, 나중에 뼈저리게 후회하는 것이 오히려 일반적인 패턴이다.

후회스런 행동을 끊으려면 미리미리 숨은 에고를 건드려야 한다.

전쟁에서 타격할 때 어려운 경우는 숨어 있는 적을 타격하는 것이다. 보통 벙커에 숨은 적을 공격할 때 해야 할 일은 벙커의 재질과 크기, 그리고 숨어 있는 적의 특성과 그의 의도 같은 것을 분석하는 것이다. 숨은 인격을 다룰 때도 이와 비슷한 주의가 필요하다.

우리는 흔히 말을 듣지 않는 학습자에 대해 "왜 이렇게 내 말을 안 듣는 거야?"라고 하지만 실상 말을 잘 안 듣는 건 타인만이 아니다. 나 자신도 나의 말을 잘 듣지 않는다. 타인에게 "노력해라"라는 말을 해도 소용없듯이, 자신에게 "자, 이제 열심히 노력하자"라고 말해도 큰 효과가 없다.

좋은 행동에 제동을 걸거나 나쁜 폭주를 유발하는 숨은 인격체를 건드리기 위해선 일반적인 대화가 아니라 별도의 적합한 커뮤니케이션 방법을 써야만 한다.

:: 숨은 에고에 다가가는 방법

① 반복 커뮤니케이션

그렇다면 잠재 인격체에 제대로 다가갈 수 있는 커뮤니케이션 방법은 무엇일까? 일단 자기 자신에 대해서만 국한해보면 효과적인 방법의 첫 번째는 반복이다.

구구단이나 영단어를 잘 외우려면 어떻게 해야 하나? 방법은 반복 밖엔 없다. 사람에 따라 반복해야 하는 횟수는 다르지만 반복 없이 외워내는 사람은 없다. 인생과 외부 대상에 대한 개념 학습 역시 이와 다르지 않다.

종교를 봐도 믿음이 강한 신도들은 종교 모임에 자주, 반복적으로 참석하는 사람이다. 강한 믿음이 잦은 참석을 불러왔다고 말할 수도 있으나 실상은 잦은 참여가 강한 믿음을 만들고, 강화된 믿음이 잦은 참석이라는 행동을 더욱 부추기는 것이다. 일본의 고승 중에는 아주 단순한 염불을 반복적으로 외는 것만으로도 해탈에 이를 수 있다고 가르친 사람이 있다. 언뜻 들으면 말도 안 되는 소리 같지만 이 역시 반복의 중요성을 설파한 것이다. 염불을 반복하다보면 그것이 자신에게 힘을 주고 결국에는 마음을 변화시키리라는 것을 깨달았기 때문이다. 반복에는 변화의 힘이 숨어 있다.

공부를 잘하는 사람도 따지고보면 〈공부=열심히 해야 하는 것〉이라는 개념을 반복적으로 접한 것에 불과하다. 의식 기저에 개념에 대한 확고한 믿음을 심어 놓으려면 반복 없이는 안 된다. 하다못해 '축구를 볼 때 치킨 맥주를 먹어줘야 제 맛이 난다'라는 사소한 믿음일지라도 반대 개념의 반복 주입 없이는 절대 없앨 수 없다. '축구를 볼 땐 치킨에 맥주'라는 의식을 바꾸려면 '입을 즐겁게 하지 않아도 축구 시청은 얼마든지 즐겁다'라는 메시지를 반복적으로 자신에게 말해줘야 하며 그것도 한두 번으로는 효과가 없다.

여기서 중요한 것은 반복 주입해야 하는 메시지가 가급적 다짐보단 개념 정의여야 한다는 것이다. 대부분 다이어트의 의지를 다질 때, '다음부터는 절대 간식 먹지 말아야지!'라고 생각한다. 그것도 한두 번 정도 중얼거리고 마는데, 이런 다짐은 거의 백퍼센트 실패한다. 왜냐하면 우리 뇌 속의 간식은 여전히 맛있는 쾌감을 주는 대상이기 때문이다. 기본적으로 인간은 쾌감을 주는 대상을 자발적으로 멀리할 수는 없다. 따라서 해야 할 것은 〈특정 대상 = 쾌감〉이라는 개념 공식에 반기를 드는 일이다.

"다짐"은 반드시 실패한다.

반복 없는 주입은 전혀 효과가 없다.

100만 명의 사람이 10일 동안 "비야 내려라, 내려라!" 한다고 해서 비가 오진 않는다. 그러나 100만 명의 사람이 "주식 값 내려라, 내려라"라고 외치면 주식은 떨어진다. 주식은 사람이 간여하는 일이기 때문이다. 사람이 하는 일에서 횟수의 양은 결코 무시할 수 없다.

고칼로리 음식 중독을 끊고 싶다면 당장 오늘부터 하루에 300번씩 '그 음식의 맛은 별 게 아니다', '고작 음식 따위를 두고 인생의 행복을 논하는 것은 매우 초라한 인생이다'라는 새로운 개념을 반복해서 마음속에 주입해보자. 그렇게 한 달만 해보고 나서 과연 스스로 그 이전과 자신의 식사 패턴이 어떻게 달라졌는지 따져보자. 이런 반복 주입 없이 한두 번, '이젠 먹지 말아야지'라고 아무리 강하게 다짐해봐야 며칠 뒤 다시 또다시 기름진 음식을 위장으로 밀어 넣는 자신의 모습을 확인하게 될 것이다.

② 적절한 어조

최면을 직접 받아보지는 않았어도 영상을 통해 본 적은 있을 것이다. 보통 최면가들은 말할 때 목소리를 중저음으로, 차분한 음색으로 말한다. 고함을 치거나 큰소리로 최면을 거는 사람은 없다. 그 이유는 최면을 걸기 위해 트랜스(trance, 일반적으로 잠든 것과 유사한 가수상태를 지칭하지만, 정확한 정의는 최면가들마다 다르다. 종류에 따라서는 트래스 유도 없이 진행되는 최면도 있다.) 상태를 유도해야 하기 때문이라고 알려져 있다.

우리는 시끄럽고 번잡한 곳에서는 진지해지기가 어렵다는 느낌을 받곤 한다. 깊이 있고 진중한 대화를 나누기 위해선 일단 주변 분위기가 차분하고 조용해야 한다. 결국 메시지는 소리로 전달되므로 소리의 집중도와 어조, 목소리의 톤(Tone)은 전달력에 지대한 영향을 끼치는 요소가 된다.

자신의 내면에 이야기를 할 때는 최면가들이 말하는 트랜스 상태에까지 빠질 필요는 없지만, 일단 최대한 차분하고 안정된 톤으로 스스로에게 메시지를 주입하는 것이 좋다. 여기서 또 하나 신경 써야 할 대목이 바로 신뢰감이다. 그 사람에 대해 잘 알지도 못하고, 몇 번 만난 사람도 아닌데 어쩐지 말에 신뢰가 가는 사람, 신뢰가 가는 목소리가 있다. 개념 메시지를 주입할 때도 마찬가지로 스스로 최대한 신뢰감과 안정감을 느낄 수 있는 어조와 톤을 구사해주면 좋다.

③ 정확한 위치로 주입

자신의 에고에 효과적으로 다가가는 또 하나 결정적 요소가 바로, 메시지의 주입 위치다. 생소하게 느껴질 수 있는 이 개념에 얘기하기 위해 다음의 의식 구조 그림을 다시 한번 보자.

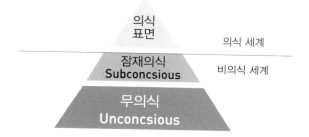

무의식(우리가 아는 무의식 주창자는 역시 프로이트와 융일 것이다. 일반적으로 프로이트는 무의식을 억압된 충동이 갇혀있는 부정적 존재로 바라본 반면, 융은 긍정적인 생명의 원천으로 바라보았다고 알려져 있다. 밀튼 에릭슨 등 근현대의 유명한 최면가들은 융의 관점을 따르고 있다.)이라는 것이 워낙 널리 알려진 단어이기 때문에 많은 이들이 무심결에 지나치곤 하는데 사실 무의식이라는 단어에서 우리가 얻어야 할 교훈은 '속' '이면(裏面)' '아래' '깊이' '위치'에 대한 개념이다.

만일 배가 아픈데 복부의 피부만 살펴본다면 병이 나을 리가 없다. 피부 이면, 몸 안쪽 깊숙한 곳에 위치한 내장의 상태를 살펴보아야 비로소 진단이 가능하다. 심리치료에 대해 우리가 무의식론에서 얻을 수 있는 가장 큰 가르침은 바로 이 의식의 이면에 대한 인지다.

아무리 '노력해야지, 열심히 해야지, 과식하지 말아야지'라고 다짐해도 좀처럼 잘 되지 않는 이유는 마음속 깊은 곳에 숨어 있다가 결정적인 순간에 치고 올라오는 그릇된 잠재 개념 때문이다. 잘못된 일탈과 폭주를 만들어내는 나의 잠재 에고를 없애거나 교정하려면 당연히 우리는 메시지를 그 에고가 있는 위치까지 보내야만 한다.

의식 깊숙한 곳까지 보내지지 않는 메시지는 어차피 효과가 거의 없기 때문에 쓸모없는 되풀이가 될 뿐이다. 따라서 메시지의 주입이 효과적이 되려면 욕망을 긍정하는 판단이 자리 잡고 있는 마음속 정확한 위치에 메시지를 주입해야 한다.

마음을 하나의 공간으로 인식한다면 적절한 깊이, 적절한 좌표를 느끼는 것이 가능하다. 실제로 마음의 작용 역시 각종 물질과 연계된 하나의 물리 현상에 불과하다. 이 세상에 물리 현상이 아닌 것은 없다. 그리고 모든 물리 현상은 공간에서 이루어진다는 것이 물리학의 가장 기초 개념이다. 마음의 원리 역시 이와 다르지 않다.

깊은 위치에 숨은 에고와 믿음에 다가가기 위해 고안되었던 유명한 방법이 바로 최면이다. 최근 20여 년간 크게 유행한 NLP 역시 최면에서 태동한 최면의 한 종류다.(물론 최면은 완벽한 방법이 아니다. 잘 되는 경우 마취 없이 이를 뽑는 등의 엄청난 효과가 있지만, 사람에 따라선 아무 효과가 없는 경우도 있다. 이 때문에 최면이 대중화의 결정적 마지막 선을 넘지 못하고 있다. 다만, 최면을 믿고 안 믿고를 떠나 최면이 우리에게 주는 시사점은 배워볼 필요가 있다.)

최면이 주는 시사점 중 가장 의미 있는 것이 바로 커뮤니케이션의 포지셔닝이다. 최면가들은 내담자를 트랜스 상태로 유도하면서 잠재의식이라는 마음 내부의 일정한 위치로 들어간다. 다만 잠재의식이라는 부분도 대단히 광범위한 영역이므로, 우리는 잘못된 개념을 믿고 있는 에고의 위치를 찾아 그곳으로 다가가야 한다.

이제 눈을 감고 자신이 최근에 저질렀던 후회스런 일을 한번 생각해보자. 그것이 폭식이건, 폭음이건, 무절제한 분노건 무엇이든 상관없다. 참지 못하고 저질러버린 그 순간을 최대한 생생하게 다시 떠올려본다. 믿기 싫을 수도 있지만 그런 행동을 할 때 기뻐하는 자아가 당신의 내부에 분명히 있다. 그 기뻐하는 또 다른 에고를 느껴보자.

그리고 그 존재의 위치를 감지하게 되었다면 (감지할 수 없다면 상정해보자) 그 에고에게 커뮤니케이션을 시도해보자. 왜 그래야만 하는지, 왜 굳이 그런 행동을 해야 하는지, 왜 그렇게 생각하는지, 그에 대한 증거는 무엇인지 묻고 대답해보자. 그러고 나서 비록 나름의 근거가 있다 하더라도 실상 그 행동은 나에게 이익보다 더 큰 괴로움을 안겨주고 있다는 메시지를 주입한다. 반복적으로.

④ 메시지의 착상

권위와 증거 확보를 통한 신뢰 구축, 그리고 적절한 포지셔닝의 반복 커뮤니케이션을 하다 보면, 기존의 잘못된 개념의 틀에 균열을 낼 수 있다. 이때 단 한 번에 부수려하지 말고 서서히 균열을 내는 것이 포인트다. 여기서 한 가지 더 유의해야 할 요소를 추가하자면 메시지의 착상에 대한 것이다.

태아의 임신 과정을 다룬 영상을 보면, 자궁 안으로 들어가는 셀 수도 없이 많은 정자 무리를 볼 수 있다. 그러나 그중 착상하는 정자는 딱 하나고 착상되지 못한 수억 마리의 정자는 그냥 버려지고 만다. 오직 '착상'되는 정자만 생명으로서의 의의를 가지게 된다. 이는 메시지 커뮤니케이션에서도 똑같이 적용되는 원리다.

마치 난자를 향해 달려오는 수억 마리의 정자처럼 오늘도 우리는 우리를 향해 끝없이 날아오는 메시지의 홍수 속에서 살고 있다. 그러나 난자에 착상되는 정자가 한 개인 것처럼 우리의 의식과 에고에 정확히 착상되는 메시지는 지극히 제한되어 있다. 마음의 중심 부위에 착상되지 못한 메시지는 난자의 선택을 받지 못한 정자처럼 철저히 사멸되어 버린다.

선생님이 아무리 열심히 가르쳐도 듣지 않는 학생이 있다. 그 이유는 선생님의 메시지가 학생의 에고에 전혀 착상되지 않기 때문이다. 반면 주변의 불량한 동년배들끼리 나누는 메시지는 마음에 강력하게 착상되곤 한다.

사람들은 "좋은 말씀 마음에 잘 새기겠습니다"라는 말을 하곤 한다. 본능적으로 이런 말을 하게 되는 것은 그냥 듣기만 하고 흘려버리는 것과 의식 중심부에 깊이 새겨 넣는 것은 완전히 다르다는 것을 우리 스스로 감지하고 있기 때문일 것이다.

이 착상, 즉 새겨짐에 대해 흔히 하는 착각은, 메시지의 좋고 나쁨에 따라 착상 여부가 결정되는 된다는 생각이다. 많은 교사들은 "내가 이렇게 자기를 위해 좋은 말을 해주는데, 왜 듣지 않지?"라고 한탄을 하지만 그건 교사 입장에서의 일방적인 판단일 뿐이다. 메시지의 좋고 나쁨을 결정하는 건 어디까지나 받아들이는 쪽이 가지고 있는 기존의 개념체계에 달린 것이지 전달하는 사람의 판단에 의한 것이 아니다.

따라서 메시지를 발(發)하는 것보다 취(取)하는 것이 훨씬 중요한 행위임을 알아야 한다. 자신에 대해서도 만날 "더 열심히 공부해야지, 더 철저히 식사 조절해야지"라고 말해봐야 큰 효과가 없다. 중요한 것은 확실히 받아들이겠다는, 의식에 깊이 뿌리를 박아 착상시키겠다는 의식, 마음의 벽에 날카롭게 새겨 넣고자 하는 의식적 작업이다.

스스로에게 하는 말이라고 자신이 모두 다 받아들이는 게 아니라는 점을 깨달을 때 우리는 자신과의 대화를 보다 효과적으로 해나갈 수 있다.

⑤ 안심시키기

변화 커뮤니케이션의 마지막 주안점은 '안심'이다.

앞에서 이야기한 것처럼 인간의 본능 중 가장 강한 것은 신체와 에고를 다치지 않게 원형 그대로 존속시키려는 유지본능이다. 기존에 가져왔던 믿음이 잘못되었다는 것을 인정하는 건 자신이 그 믿음을 가지고 살아온 역사를 부정하는 것이고, 이는 에고에 심각한 상처를 입힐 수 있다. 인간이 실패에 대해 언제나 자신의 탓을 하기보다 환경적 원인을 찾으려 하는 것 역시 이와 같은 이유에서 발생한다.

내가 잘못 살아온 것인가?
나는 열등한 인간이었단 말인가?
나의 판단이 틀린 것이란 말인가?
⇨ 아니야, 그럴 리 없어. 지금까지 내 믿음은 옳고 저 말이 잘못된 걸 거야.

기존에 가져온 믿음을 부정하는 것은, 자칫하면 자기 자신의 삶과 존재를 부정하는 것이 될 수 있으므로 여간 공포스런 일이 아닐 수 없다. 아무래도 나이가 많을수록 변화는 더 받아들이기 힘든 일이 될 것이다. 따라서 설사 자기 자신에 대해서 일지라도, 기존의 것과는 다른 새로운 개념체계를 구축하려 할 때는 기존의 자아를 안심시키는 데 큰 주안점을 두어야 한다.

우리는 우리 자신에 대해서도 반드시 안심의 기재를 만들어놓고 변화를 시도해야 한다. 일단 무턱대고 과거를 후회하고 '이제부턴 진짜 열심히 해야지!'라고 다짐하는 것은 우리가 늘 경험했듯이 큰 효과가 없다. 자신의 과거를 부정하는, 자신을 질타하는 커뮤니케이션을 우리의 깊은 내면은 받아들이지 않는다. 변화를 향한 의욕은 결코 수백만 년에 걸쳐 만들어진 '자기보호본능'을 뛰어넘을 수 없기 때문이다.

우리 주변 어디를 둘러봐도 온통 '성공'이라는 단어가 넘쳐난다. 서점에도, 인터넷에도, 중매시장에서도, 성공한 사람에 대한 일방적 열광과 성공 못한 사람에 대한 멸시가 넘실댄다. 그리고 늘 우리 눈앞에 내보이는 멘트는 "성공하고 싶으면 노력하세요"이다. 그러나 인간에게 성공이라는 단어는 결코 자기보호본능을 뛰어넘을 만큼 매력적인 단어가 아니다. 끝끝내 변화를 달성해내지 못한 우리들은 이제 이 사실을 인정해야 한다. 인간은 성공보다 자신을 안심시켜주는 쪽의 행동을 선택하는 동물이라는 점을.

> 인간은 자신을 발전시키는 말이 아니라
> 자신을 안심시켜주는 말을 따르게 된다.

:: 큰 변화가 아니라고 인식해야 안심할 수 있다

생명체에게 있어 변화는 가장 두려운 일이다. 생명의 유지라는 차원에서 보면 가장 기피해야 할 일이 변화인 것이다. 수백만년 간 쌓여온 생명으로서의 본능이 변화를 싫어하는데 아무리 말로만 변해야지, 변해야지, 외쳐봐야 실제 몸이 따라줄 리가 없다. 따라서 우리는 먼저 에고를 안심시키지 않고는 앞으로 나아갈 수 없다.

그렇다면 에고를 안심시키기 위해서는 어떻게 해야 할까? 지금 추구하는 변화가 절대 큰 변화가 아니라는 메시지를 인식해야 한다. 자기계발서 중에는 '혁명'이니 '혁신'이니 하는 거창한 타이틀을 달고 나오는 책들이 있다. 이 말에 현혹되기는 쉽지만 현실화시키기는 어렵다. 우리의 본능은 타인을 바꾸는 것에는 쾌감을 느낄지언정 자신이 변화하는 것을 달가워하지 않는다. 새로운 삶 운운하는 책들을 아무리 읽어봐야 삶이 전혀 새로워지지 않는 이유가 여기에 있다. 그보다 우리는 자신에게 차분하게 말해줘야 한다. '지금 하려고 하는 일은 절대 큰 변화가 아니다. 변화가 아니라 오히려 진정한 나를 찾아가는 과정이다'라고.

술, 담배를 끊는 것이 자신의 삶에 대단한 변화라고 생각하는 사람은 절대 끊을 수 없다. 하루에 2시간 공부하는 것과 15시간 공부하는 것이 엄청나게 다른 일이라고 생각하는 사람은 결코 공부 시간을 15시간으로 늘일 수가 없다. 사실 그 둘은 생각만큼 큰 차이가 아니라고 느낄 때부터 진정한 변화가 시작이 된다.

행동분기점의 장악

:: 혼재가 노력을 막는다

자기 안에 숨어 있는 여러 개의 에고에 대해 인식할 수 있다면 왜 마음
의 여러 혼란들이 좀처럼 깔끔하게 정리가 되지 않는지 알 수 있다. '최
선을 다해 공부하는 것도 좋은 일이지만 스트레스를 푸는 게임도 좋
은 일이다', '다이어트로 멋진 몸매를 뽐내는 것도 행복한 일이지만 먹
는 것 역시 행복한 일이다.' 등등, 우리 의식 속에서 판단의 기준은 이
랬다 저랬다 하는 경우가 대부분이다.

기준이 애매하면 행동도 애매해질 수밖엔 없다. 따라서 우리는 노력
에 반대하는 개념들에 대한 평가를 확실하게 끝내놓을 필요가 있다.

물론 그 평가는 표면의식뿐만 아니라 마음 깊은 곳의 잠재의식에서까지 이루어져야 한다.

여러 개의 판단이 혼재된 상황 속에서 우리는 결정적 순간마다 주로 패배해왔다. 중요한 때마다 우리를 굴복시킨 건 평상시엔 숨어 있다가 별안간 나타나 우리를 장악하는 잠재 에고들이다. 그들은 평소에는 잘 인식이 안 되지만 결정적인 순간마다 반드시 모습을 드러내어 우리를 제압하곤 한다. 그리고 부정적 행동이 시행된 이후에는 흔적 없이 사라져버리고 만다. 남는 건 때늦은 자책과 후회뿐이다.

여기 직장인 알콜 중독자가 있다고 치자. 그에게 있어 '다시는 술 마시지 말아야지'라는 다짐의 최대 고비는 역시 퇴근 후 시간이다. 일을 하는 동안에는 어차피 술을 먹는 게 불가능하기 때문에 마음속에서 큰 갈등이 벌어지지 않는다. 문제는 그 행동을 할 수 있는 시간적, 공간적 환경이 갖춰졌을 때이다. 퇴근 무렵이 되면 그의 마음에선 어둠 속에 숨어 있던 잠재개념들이 밀고 올라온다.

"술을 끊는 건 엄청나게 힘든 일이야." (난이도의 확대인식)
"꼭 술 때문에 삶에 지장이 있다고 하긴 어려워. 위대한 위인들 중에 술고래도 많았잖아?" (행동정당화를 위한 억지 비교)
"적당히 즐길 줄도 알아야 인생 아니겠어?" (유흥의 가치화)
"기분전환을 하면 오히려 일의 능률도 오를 거야." (잘못된 효용판단)

이런 개념들은 당초의 의지를 갉아먹고, 결국 스스로의 다짐을 깨버리고 만다.

여기서 중요한 것은 당초의 다짐을 깨버리게 되는 그 순간이다. 일단 결정적인 순간이 오기 전까지는 의지와 열의가 우리 마음의 한가운데를 차지한다. 술을 마실 수 없는 근무시간, 게임을 할 수 없는 수업시간 같은 때는 다 의지 충만해 보이고, 좀처럼 중독 취약자나 의지 박약자를 찾아보긴 어렵다. 그러나 문제는 결정적 순간에 터지게 된다. 한 가지 행동밖엔 할 수 없을 때는 심적 갈등이 발생하지 않다가 술집으로 가는 것과 바로 집으로 가는 것, 컴퓨터로 게임을 하는 것과 강의를 듣는 것, 이렇게 두 가지 행동의 선택지가 생길 때, 즉 행동분기점 의 순간에 의지 뒤에 숨어있던 '노력하지 말아야 하는 이유'와 그 이유를 지지하는 에고들이 비로소 모습을 드러낸다.

:: 행동분기점의 순간

행동분기점이 아닌 삶의 순간은 사실 우리에게 별로 중요하지 않다. 아무리 고도비만 환자라도 24시간 내내 먹는 것은 아니다. 실제 먹는 시간은 아무리 길어봐야 하루 중 3~5시간밖엔 안 된다. 비만 환자에게 중요한 것은 바로 이 3~5시간이다.

배가 터질 것 같은데도 계속 먹을 수는 없다. 이 시점은 이미 행동 선택사항이 없다. 문제는 어느 정도 소화가 된 상태일 때다. 배가 고픈 것은 아니나 그럭저럭 무언가를 먹을 수 있을 것 같은 상태, 이 지점이 바로 행동분기점의 순간이다.

편의상 열심히 노력하고자 하는 의식을 의욕에고라고 하고, 반면 갑자기 치밀고 올라오는 핑계, 자기합리화, 정당화, 허용에 대한 논리를 욕망에고라고 하자.

• 의욕에고 : 노력, 발전, 개선, 의지
• 욕망에고 : 욕망 충족의 합리화, 정당화를 도모하는 것

행동분기점 순간이 오기 이전에는 우리 의식 공간을 열심히 살아보고자 하는 의욕에고가 주로 점유하고 있다.

그러나 타이밍이 행동분기점 순간에 다다르는 그 순간 욕망의식이 차지하는 공간이 압도적으로 커진다.

욕망
Ego

의욕
Ego

어제 저녁 체중계 앞에선 그토록 강했던 다이어트 에고는, 어찌된 영문인지 맛있는 음식이 눈앞에 나타나는 순간 바람과 함께 사라진다. 그 빈자리는 미식을 합리화하는 욕망에고가 점령한다.

여기서 드는 궁금증은 왜 그토록 강했던 의욕에고가 일순간에 무너지는가 하는 점이다. '욕망이 더 달콤하고 재밌으니까'라는 간단한 답변은 우리의 발전에 아무 도움이 안 된다. 깊고 신중하게 생각하지 않는 습관은 지금 이 순간을 즐기는 데는 도움이 될지 모르지만 전체 인생으로 놓고 보면 오히려 즐거움을 감소시키는 결과를 부를 수도 있다.

:: 의식의 면적을 조절하라

오래전 연애 드라마들에 흔히 등장하는 대사 중에 "너에 대한 사랑이 마음속에서 너무 커져버렸어"라는 말이 있었다. 연애를 하는 사람들은 물론이고 그렇지 않은 사람들도 이 말이 무슨 뜻인지를 금방 알아듣고 이런 말을 하는 사람의 마음을 공감하기 마련이다. 이런 대사가 나오고 그 말이 공감을 얻는 까닭은 우리가 무의식적으로 세상 모든 것에 적용되는 공간과 면적의 개념을 인식하고 있기 때문이다.

우리 몸이 우주의 공간 중 일부를 차지하고 있는 것처럼 우리 의식도 일정한 의식 공간 안에서 구현이 되고 있다.

예를 들어 카드빚 사고가 터져서 고민하고 있는 사람에게 "오늘 저녁 뭐 먹으러 갈까?"라고 물어보면 "지금 머리가 복잡해, 그런 거 생각할 여유 없어"라는 말을 듣기 쉽다. 먹는 걸 아무리 좋아하는 사람도 머릿속에 엄청난 크기의 사건 하나가 들어오면 다른 일을 생각할 여유, 즉 공간이 없어지게 되는 것이다.

이 공간이란 개념이 우리에게 주는 시사점은 매우 중요하다. 누구나 중대한 사건이 의식 면적을 압도적으로 점유해버리면 기존과는 다른 비일상적 행동 패턴을 보이게 된다. 인간은 제한된 의식의 공간에서 상대적으로 더 많은 면적을 차지하는 일 쪽으로 행동이 집중되게 되어 있는데, 이를 잘만 이용하면 우리의 행동을 교정하는 데 큰 효과를 볼 수가 있다. 즉, 인위적으로 미래지향적인 행동의 의식 면적을 넓히고, 끊어야만 하는 중독적 행동의 의식 면적을 좁혀버리는 것이다.

구현 방법은 간단하다. 다이어트를 하고자 하는 경우라면, 일단 머릿속에서 초콜릿이나 케이크처럼 평소에 좋아하는 고칼로리 음식을 떠올려본다. 그리고 그걸 먹는 자신의 모습도 함께 상상한다. 그런 다음 이 장면의 크기를 축소시키는 것이다. 마치 컴퓨터로 동영상을 볼 때 창 화면을 줄이는 것처럼 서서히 줄여서 매우 작게 만든다.

이때 우리의 다이어트에 긍정적 자극을 주는 장면, 예를 들면 아름다운 몸매의 모델이나 날씬하고 활기차진 자신의 모습을 떠올린다. 머릿속에서 케이크를 먹는 모습의 화면을 줄이는 것과 동시에 날씬한 내 모습 화면은 크게, 계속 크게 확장시킨다. 그리고 마지막엔 날씬한 내 모습 화면이 케이크 화면을 어둡고 비좁은 구석으로 몰아넣은 후 완전히 눌러 없애버린다.

앞에서 언급한 바대로 이러한 면적 조절 연상 훈련은 잠재의식에 잘 다가갈 수 있도록 차분하고 깊이 있는 태도로, 반복적으로 시행해야 한다. 그리고 추구하고자 하는 행동의 영상 장면이 의식에 아예 깊게 새겨질 수 있도록 각인의 명도와 채도를 강하게 해주면 더 좋다.

지속 반복적으로 자신이 피해야 할 것과 구현해야 할 것에 대해 이처럼 의식 면적을 조절해주는 연상 훈련을 하다보면 기존과는 다른 감성 체계가 구축되고, 감성 체계가 바뀌다보면 이전보다 훨씬 적은 노력으로 원하는 행동을 구현할 수가 있게 된다.

욕망에고가 차지하는 면적을 줄이고
의욕에고가 차지하는 면적을 넓힌다.

의욕에고를 수면 위 밝은 공간으로 끌어 올린다.
욕망에고를 어둠 속으로 몰아버린다.

기본적으로 NLP에서 많이 쓰이는 이와 같은 방법은 물론 그 효과에 개인차가 있다. 특히 심리 치료의 경우 약물 치료와는 달리 내담자가 너무 모르는 개념을 제안할 경우, 그 효과가 급감하는 경우가 많다.

이러한 패턴의 이미지 연상 방법에 마음이 열리지 않는다면 과거에 사람이든 물건이든 무언가에 대한 좋아하는 감정이 커졌다거나, 아니면 반대로 급격히 줄어들었다거나 했던 기억을 되살려보자. 그 기억을 통해 자신에게 맞는 방법으로 에고의 조절을 해나가면 될 것이다.

:: 어떤 에고가 핵심부를 장악하고 있는가?

그러나 만일 의식과 에고의 공간과 크기라는 개념에 공감할 수 있다면 다음과 같은 방법도 해볼 수 있다.

우선 자신이 다음과 같은 상황을 자주 겪지 않는지 생각해보자.

A. 아직 판단이 다 끝나지 않았는데도 언행이 툭하고 먼저 튀어나가는 경우
B. 이미 논리적 판단은 다 끝났는데도 좀처럼 행동으로 옮겨지지 않는 경우

흔히 하는 표현으로 "머리로는 알고 있지만 몸이 따르지 않는다"는 경우이다. 화를 내지 말아야겠다고 생각하면서도 결국 폭발한다든가,

과식이나 흡연의 나쁜 점을 충분히 알고 있음에도 막상 눈앞에 보이면 자동적으로 손이 가는 것 등이다. 이는 우리 내부의 논리 의식이 행동 의식과 상당히 멀리 떨어져 있음을 증명하는 것이다.

이를 통해 알 수 있는 것은 우리 의식 내에 행동을 직할하는 행동의식이라는 구획이 존재한다는 것이다(뇌는 전두엽과 후두엽의 기능이 다르다. 뇌의 각 위치에 따라 구현하는 기능이 다른 것이다. 행동의식에 대해서도 이와 같이 생각하면 이 가설을 충분히 수긍할 수 있을 것이다). 우리가 아무리 '해야지, 하지 말아야지'라고 생각해도 그것이 행동으로 이어지지 않는 이유는 그 생각들이 행동의식에서 멀찍이 떨어진 곳에서 진행되기 때문이다.

지금 이 순간 자신이 하는 행동을 관찰해보자. 어딘가를 쳐다보거나 다리를 긁고 있는가? 무의식적으로 얼굴을 만졌었나? 그렇다면 우리의 의식 그 넓은 공간 안에서는 분명히 얼굴을 만지고 다리를 긁으라는 명령이 발현된 지점이 있다. 다리를 긁거나 얼굴을 만지고 싶지 않다면 바로 그 명령이 발현된 지점에다가 메시지를 주입하면 된다. 그곳이 바로 행동의식이다.

모든 잠재의식을 뒤엎을 필요는 없다. 문제가 되는 행동을 하라고 명령을 내리는 그 의식 구획만 다른 의욕에고가 탈환해버리면 된다. 그 작업을 위해서는 행동에 영향을 미치는 숨어 있는 개념과 그 개념을 지지하는 에고가 내 의식 안에서 어떻게 얽혀 있는지를 알아야 한다.

:: 노력왕들의 성공담보다 효과적인 것은?

하나의 메시지를 듣거나 보는 것과 실제로 행동에 영향을 끼치는 것은 별개의 일이다. 노력해야 성공한다는 논리의 텍스트가 감동을 주고 다짐을 하게 할지언정 실제 몸을 움직이는 행동의식과 아무 연관이 없다는 것을 알면, 노력왕들의 말을 듣는 것보다 나의 행동의식을 점유하고 있는 노력을 막는 이유와 내 마음 안의 상태를 파악하는 게 훨씬 효과적이라는 사실을 깨닫게 된다.

우리는 나와 다른 기질과 능력과 가치관을 가진 사람들의 성공 스토리에 귀를 기울이며 자신을 자책하거나 성과 없는 다짐을 반복하기보다, 마음 안에서 잘못된 개념들을 지지하고 있는 에고들과 지속적인 투쟁을 벌여야 한다. 물론 처음에는 계속 패배할 것이다. 그러나 포기하지 않고 계속 싸움을 걸다보면, 어느덧 마음 안에 자기파괴적 행동을 막는 좋은 제어장치가 하나씩 생겨나는 것을 느낄 수 있게 될 것이다. 마음을 먹는다고, 한두 번 시도했다고 그것이 변화로 곧바로 연결되지는 않는다. 따라서 지금 당장 우리에게 필요한 건 완벽에의 추구가 아니라 제어장치의 확충이다.

물론 사람들의 마음에 존재하는 노력을 막는 모든 이유, 개념들을 한정된 지면에서 다 언급할 수는 없다. 그러나 다음 장의 예시들을 통해 일정한 '발견의 패턴'을 체득할 수 있다면 자신의 마음속에서 노력이나 의지보다 더 기승을 떨치는 개념의 실체를 잘 찾아내서 교정하는 작업을 펼쳐나갈 수 있을 것이다.

지금까지 내 의식의 커튼 뒤에 숨어 번번이 나의 다짐을 무력화하고 내 의지에 제동을 걸며 지속적인 노력에 대한 회의를 심어준 것이 무엇이었는지를 정확하게 파악하는 것이야말로 실패하지 않는 노력의 첫걸음이 된다.

4

노력을 막는 대표적인 이유들

현대인에게 행복이라는 단어처럼 파급력이 강한 말은 흔치 않다. 행복이라는 것도 인류가 그 언젠가부터 만들어낸 하나의 추상적 '개념'이지만, 종교나 법이 그러하듯 인류에게 엄청난 영향력을 끼치고 있다. 특히 20세기 이후 공동체적 가치가 무너지고 종교의 사회적 영향력이 축소되면서 이 '행복'이란 개념은 인간 삶의 중추를 당당히 꿰차버렸다.

본능론
- 과연 그것이 나의 본능일까?

:: 본능이 인간을 만드는 게 아니라
   인간이 본능을 만든다

어떤 것을 행동으로 옮겨야 할 결정적인 순간에 우리의 노력을 막아서는 몇 가지 개념 중 가장 빈번하면서도 강력한 것이 '이것은 인간의 본능이야'라고 믿는 본능론이다. 그렇다면 이 본능론은 과연 믿을 만한 것인가.

이 세상에 처음부터 존재했던 것은 없다. 인간의 본능 역시 마찬가지다. 본능이란 것 역시 원래는 없다가 언제부터인가 생겨난 것이며, 생겨날 때는 그 나름의 이유가 있었다.

우리가 갖고 있는 본능 중에 아무런 이유 없이 원래부터 그랬던 건 존재하지 않는다. 우리가 본능이라며 절대시해왔던 많은 것들이 사실은 어떤 계기를 통해 만들어진 성향에 불과하다. 이것만 명확히 알아도 본능에 대해 조금은 다른 시각을 가질 수 있다. 그것을 통해 우리는, 본능이 아닌 것을 본능이라고 정의 내리는 어처구니없는 오류로부터 조금씩 벗어날 수 있게 된다.

　앞에서도 언급했듯 공부를 하기가 싫은 것, 살이 찌는데도 자꾸만 먹고 싶은 것, 해야 할 일을 두고도 놀고 싶은 것은 인간의 본능이 아니다. 예를 들어 많은 사람들이 일을 할 때 스트레스를 받는다고 말한다. 그러나 과연 일을 하면 스트레스를 받는 게 당연한가? 이에 대해서는 "그렇다"라고 단정지을 보편적 근거는 없다. 일을 할 때 스트레스를 받지 않을 뿐 아니라 즐거운 사람들도 많기 때문이다.

　"그 사람들이야 원래 그런 사람들이니까 그렇지. 그런 특별한 이들과 나를 비교하면 안 되지"라고 반박할 수도 있다. 그러나 그렇게 반박하기에 앞서, 2장에서 언급한 동조화의 개념을 생각해보자. 만일 우리가 태어나면서 일을 즐거워하는 사람들 틈바구니에서만 살아왔다면 과연 어땠을까?

　우리가 흔히 본능, 본성이라고 말하는 것이 얼마나 실체가 없는 넘겨짚기인지를 나타내는 예는 무수히 많다. 학생들이 "오늘은 공부 참 안 된다", "오늘따라 왜 이렇게 공부하기 싫지?"라는 말을 하는 때가 있다. 이는 단순히 기분 문제가 아니라 실제로 비교적 공부가 잘되는 날도 분명히 있기 때문에 나오는 말이다. 이는 비단, 공부나 금식 같은 힘든 일뿐만 아니라, 미식(美食)이나 게임 등 우리가 행복하다고 느끼는 일에도 똑같이 적용된다. 평소에는 맛있게 먹던 음식이 어떤 때는 별로 맛없게 느껴질 때도 있고, 수백 시간 정신없이 게임에 몰입하다가도 어느 순간 '내가 그때 왜 그런 시간 낭비를 했지?'라는 의구심이 들기도 한다. 요는 똑같은 행위도 상황에 따라 받게 되는 스트레스나 행복감이 매번 달라진다는 것이다. 이를 통해 알 수 있는 것은 행위나 대상 자체가 원인은 아니라는 점이다. 핵심은 오히려 처한 상황과 자신의 기분이다.

:: 진정한 '나의 것'을 찾아나가는 여정

실상 우리가 느끼는 거의 모든 느낌은 후천적으로 형성된 것이다. 공부에 대한 스트레스, 미식의 행복감이 처음부터 있었던 게 아니라, 언젠가부터 나에게 주입된 사항이라는 점만 인정할 수 있어도, 행동 변화에 큰 도움을 얻을 수 있게 된다.

태어날 때부터 한국인 할머니가 기른 한 흑인 소년이 있다. 그는 칼칼한 매운탕에 김치볶음밥을 너무나 좋아하지만 빵이나 버터는 싫어한다. 만일 그 소년이 미국에서 성장했다면 매운탕을 맛있게 먹는 일이 가능했을까? 그 소년은 환경에 의해 매운탕과 김치볶음밥을 좋아하도록 길러졌다. 즉, 입맛 역시 교육과 학습의 결과다.

감각, 감정, 행복, 좋아함과 싫어함 등 우리가 가지고 있는 느낌과 판단의 대부분은 누군가 정해 놓은 개념을 주입받은 것이다. 그런데 인간은 남이 만들어 놓은 가치를 내가 만든 것이라 착각하며 살수록 삶의 의욕은 떨어진다. 우리의 잠재의식은 대단히 영리해서 진정 내 것이 아닌 가치에 강한 열정을 발생시키는 어리석은 짓 따위는 하지 않는다.

우리 의식 속에 그 누군가가, 그 어느 시점에 새겨 놓은, 본능이란 미명 하에 숨어 있던 여러 잘못된 개념들, '노력하지 않아야 하는 이유'들의 실체를 파악하고 제거하는 일은, 움츠려 있던 열정에 불을 놓는 첫 번째 작업이 된다.

T r a p s   o f   E f f o r t

행복론
- 행복과 불행은 누가 결정하는가

:: 추상적 개념에 대한 재정의

만일 지금까지와 정반대의 행동을 하면서 살고 싶다면 외부 대상, 그리고 자신에 대해 지금까지와는 정반대의 개념과 판단을 만들어가면 될 것이다. 과자 중독을 끊고 싶다면 기존에 가지고 있던 개념체계를 깨뜨리고 원하는 대로 새롭게 바꾸면 된다.

과자와 과자를 먹는 행위에 대한 개념을 바꾸어주면, 과자가 눈에 띌 때마다 반사적으로 손이 가거나 걸핏하면 과자를 찾는 기존의 행동 패턴에 제동을 걸 수 있게 된다.

과자 = 맛있는 것 (개념 정의)
과자를 먹는 행위 = 행복감을 느끼며 스트레스가 해소됨 (개념 연결)

과자 = 입맛을 버리는 것 (개념 재정의)
과자를 먹는 것 = 컨디션이 나빠져 오히려 '스트레스'가 쌓임
(개념 연결 교체)

조금 더 적극적으로 나아간다면 음식은 즐겁기 위해서 먹는 것이 아니라 배 고플 때만 먹는 것이라는 개념으로 바꿀 수도 있다. 중요한 것은 어떤 형태로든 기존 행동에 제동을 거는 것이다. 모든 변화는 제동으로부터 출발한다.

과자 같은 실물 대상 말고, 추상적인 개념들에 대한 정의도 우리 행동에 지대한 영향을 끼친다. 우리 행동에 대단히 막강한 영향을 끼치는 추상 개념 중에 '행복과 불행'이란 개념이 있다.

:: 무엇이 진정한 행복인가?

현대인에게 행복이라는 단어처럼 파급력이 강한 말은 흔치 않다. 행복이라는 것도 인류가 그 언젠가부터 만들어낸 하나의 추상적 '개념'이지만, 종교나 법이 그러하듯 인류에게 엄청난 영향력을 끼치고 있다. 특

히 20세기 이후 공동체적 가치가 무너지고 종교의 사회적 영향력이 축소되면서 이 '행복'이란 개념은 인간 삶의 중추를 당당히 꿰차버렸다. 개념은 인간이 만들지만 그 개념이 다시 인간을 만든다.

이 행복이란 추상 개념에 따라 우리는 어떤 행동을 결정하는 판단을 할 때 잠재적으로 다음과 같은 검증 작업을 하게 되었다.

"이 일을 하면 내가 행복해질까?"

예를 들어 고칼로리 음식과 '행복'이라는 개념이 강하게 연결되어 있는 사람이라면 아무리 식이조절을 강조해도 반드시 한계에 부딪히게 된다.

"해외여행은 해봐야 행복한 인생이다."
"해외여행도 못 간다면 초라하고 불행한 인생이다."

이런 가치 판단을 가진 사람이라면 아무리 카드 빚에 허덕여도 기어코 비행기를 타고야 만다. 행복이라는 개념을 어떤 행동과 연결시키느냐에 따라서 삶의 모습이 결정되는 것이다.

사회공동체, 인문적 가치가 힘을 상실해가는 오늘날 '행복해야 한다'는 명제는 점점 더 맹위를 떨칠 것이다. 그러나 행복이란 개념이 '반드시 행복해야 한다'는 강박으로 마음에 박히기 시작하면, 분에 넘치는 무리한 행동을 하게 만들고 그 때문에 오히려 불행해질 가능성도 생긴다. 사이비 종교에 빠져 가정을 파탄 내는 사람은 주변을 불행하게 할지언정 절대 스스로를 불행하다고는 생각하지 않는다. 온갖 핍박 속에서도 종교적 신념을 지켰다고 자족하며 행복하게 몰락해간다. 사이비 행복이다. 사이비 종교만큼 사이비 행복 역시 우리가 조심해야 할 대상이다.

:: '행복하다'라고 정의되어 있는 행동은 결코 끊을 수 없다

우리는 이미 우리가 알고 있는 모든 행동에 대해 행복의 여부를 판단한다.

A라는 행동을 하며 사는 것이 행복한 삶이다.
B라는 행동을 하며 사는 것은 불행한 삶이다.

다만 이런 판단이 너무 오래전에 이뤄져 잠재의식에 저장되어 있기 때문에 잘 느껴지지 않을 뿐이다.

사람들은 큰 틀에서 어떻게 사는 게 행복한 것이고, 어떻게 사는 것이 불행한지에 대한 가치판단을 정립해 놓고 있으며, 그에 따라 살면서 접하게 되는 모든 외부 대상과 행위들을 행복과 불행으로 분류한다. 이것은 어린이들도 예외가 아니다. 초등학생도 게임을 할 때 행복해진다는 가치판단이 있기 때문에 게임을 하는 것이다. 게임을 하며 주말 내내 시간을 보내는 일을 '행복'이라고 받아들이는 한, 게임보다 공부나 훈련에 더 몰입하게 되는 일은 일어나기 어렵다. 이 경우 설사 '공부를 해야 한다'라는 의무감이 있다고 하더라도 마음속에 형성되어 있는 개념에 따라 행동이 결정된다.

게임 행위 = 행복
공부 행위 = 불행

그래서 이미 각인된 개념이 의무감을 가지는 에고와 충돌을 일으키는 것이다. 이 싸움이라면 당연히 게임 쪽이 유리하다.

따라서 공부에 집중하는 시간을 늘리려면 게임을 하는 것이 결코 행복한 것이 아니며, 책상 앞에서 공부하는 것이 절대 불행하고 힘든 삶이 아니라는 점을 마음 전체로 인정할 수 있도록 해주어야 한다.

:: 나의 선택은 정말 주체적인 것이었나

행복과 불행의 개념을 바꾸기 위해 가장 먼저 인식시켜야 할 사실은 내가 생각하는 행복이란, 그 언젠가 누군가가 만들어준 것이라는 점이다. 우리가 지금 추구하는 행복의 대부분은 남의 행복을 학습한 것이다.

인간은 주변에 있는 사람들과 비슷한 행동을 하며 산다. 그렇게 사는 것이 생존확률을 높이는 길이었기 때문이다. 주변 친구들이 스키장에 가면 따라서 나도 가야 하고, 골프를 치면 나도 골프채를 사야 하고, 술을 마시면 함께 마셔야 한다. 만일 주변의 흐름을 거부한다면 그 집단 내에서의 생존 가능성은 급격히 감소한다.

그러나 대부분의 사람들은 이것을 인정하지 않는다. "내가 즐기는 것은 정말 내가 그것을 좋아하기 때문이지 단순히 남을 따라하는 것이 아니다!"라고 강력히 반발한다. 더 나아가 "그런 즐거움을 포기하면서 대체 뭐 얼마나 대단할 것을 이루겠다는 거야! 난 그렇게 살고 싶지 않아!"라며 화를 내기도 한다. 그러나 술이 좋고, 여행이 좋고, 라는 느낌들이 과연 우리가 태어나면서부터 가졌던 본능, 타인의 영향력이 배제된 백퍼센트 우리의 주체적인 느낌일까? 전혀 그렇지 않다.

담배를 피우게 되는 사람들 중 단 한 명도 다른 누군가가 담배 피우는 모습을 보지 않고 담배를 시작하는 사람은 없다. 다른 이가 피우면서 쾌감을 느끼는 모습을 보고, 혹은 담배를 피우는 모습을 멋있다고 느끼면서 '나도 해볼까'라는 이끌림을 받은 것이다. 사실 우리가 추구하는 행복 중에 정말 우리 스스로 만들어낸 것은 전무하다. 모두 그 누군가가 "이건 좋은 거야"라고 주입해준 이미지일 뿐인 것이다.

"비록 내가 만들어낸 행복은 아니더라도 최소한 내가 선택한 것은 맞지 않느냐?"라고 반문할 수도 있다. 물론 다른 가치와 충돌하지만 않는다면 문제될 것은 전혀 없다. 예를 들어 신체의 건강이나 아름다움을 추구할 마음이 조금도 없다면 식이조절 같은 것을 할 이유가 없을 것이다. 그러나 많은 사람들은 건강 같은 확실한 가치를 포기하지 못한다. 놀러도 가고 싶지만 명문대, 대기업에 들어가서 멋지게도 살고 싶고, 맛있는 음식도 먹고 싶으면서 동시에 아름다운 몸매도 만들고 싶어 한다. 이처럼 가치의 중첩, 가치의 갈등 상태를 끌어안고 하루하루를 살아간다.

- 게임하고 싶다 VS 공부 잘하고 싶다
- 맛있는 음식을 먹고 싶다 VS 살을 빼고 싶다
- 여행 가고 싶다 VS 돈을 모으고 싶다

그런데 이 대립된 가치들 중에서 노는 쪽, 먹는 쪽을 선택하는 것이 정말 우리의 주체적인 선택인 것일까? 정말 나의 주체는 그런 것을 하면서 행복을 느끼는가? 나는 원래 그런 인간인가?

그렇지 않을 것이다. 진정한 주체는 보다 마음속에 있는 진정한 염원, 비원(悲願)을 선택하고자 할 것이다. 그렇다면 자신이 진정으로 바라는 것은 무엇인가?

"당신의 인생에 있어 진정한 비원은 무엇인가?
정말 먹고 놀기만 하는 게 당신 인생의 전부인가?"

이렇게 물으면 대부분의 사람들은 "나를 무시하는 것이냐?" 며 화를 낼 것이다. 이 말에 화가 난다면, 당장 즐겁게 놀고 먹는 것은 당신의 주체적 선택이 아니라고밖엔 볼 수 없다. 비원이 아니기 때문이다.

행동 유도의 키워드 = 행복감

깊은 비원이 아닌 행동을 계속 반복하고 매번 후회하고 있다면 행동과 행복의 개념 연결을 지금과는 다르게 재설정해야 한다. 이는 표면의식에서 그치는 것이 아니라 잠재의식, 잠재에고에까지 다다르는 작업이 되어야 한다. 식탐이라는 주제로 놓고 생각해보면, 〈포만감 = 불행, 공복감 = 행복〉으로 만들어야 한다.

이것은 성립될 수 없는 개념이라고 주장할 사람도 있을 것이다. 그러나 그렇게 단정하기 전에 아래의 수기를 읽어보자.

어느 순간부터인가 넘치는 살을 가지고 있음에도 꾸역꾸역 먹어댈 수밖에 없는 제 자신이 너무 싫어졌습니다. 그러나 먹는 걸 참아내는 일은 제게 너무 힘든 일이었습니다. 그래서 저는 하루는 출근을 할 때 돈을 가져가지 않기로 했습니다. 제 자신이 무언가를 사먹지 못하게 하려구요. 결국 저는 퇴근할 때까지 아무것도 먹지 않았습니다. 물론 억지로 먹으려 했다면 동료한테 돈을 꾼다든가 해서 먹을 수도 있었겠죠. 하지만 저는 그렇게 하지 않았습니다. 참아낸 거죠.

(중략)

오후 5시쯤 되었을 때 정말 견디기 힘들 정도의 공복감이 밀려왔는데, 정말 너무나 오래간만의 공복이었습니다. 몇 년 만이었던 것 같습니다. 마구 먹어대지 않았다는 것, 참아냈다는 것, 의지를 실현시켰다는 것에 대해 그 순간 정말 뿌듯한 만족감이 밀려왔습니다.

이 사람의 경우는 〈포만감=행복, 공복감=불행〉 이라는 개념 연결을 스스로 바꿔낸 경우이다.

- 먹음: 나 스스로가 싫어지는 행위, 나 자신의 격을 떨어뜨리는 행동 (불행감)
- 먹지 않음: 의지실현, 자아실현, 만족감 (행복감)

이 사람은 구체적으로 이전과는 다른 새로운 행동에 대한 개념체계들을 구축했다. 기존에 가지고 있는 행복관을 180도로 바꿈으로써 행동을 바꿀 동력을 확보한 것이다.

다만 우리가 주의해야 할 점은, 한 번 구축된 개념이 전혀 다른 새로운 개념으로 바뀌기까진 일정한 시간과 횟수가 필요하다는 사실이다. 한두 번, 이삼 일 시도해본 정도로는 달성할 수 없다. 그래서 지속적인 반복이 필요하다. 학습은 오로지 반복을 통해서만 이루어진다는 것을 잊지 말자.

:: 마인드 페이지의 재구성

식탐 외에도 행복에 대해, 많은 이들의 마음속엔 다음과 같은 연관 개념들이 상주하고 있다.

> **노력을 막는 행복에 대한 연관 개념**
> - 지나치게 아등바등 살 필요없다.
> - 인생은 즐기며 살아야 한다(의무적으로라도).
> - 인생은 행복하기 위해서(즉, 즐기기 위해) 사는 것이다.
> - 즐기지 않는 인생은 초라하다. 등등

위와 같은 개념을 철썩같이 믿고 있는 에고가 주자아(主自我)의 역할을 수행하고 있다면, 그는 행복을 위해 노력을 포기하는 행위를 인생 전반에 걸쳐 계속할 가능성이 높다. 다이어트를 외치면서도 계속 먹어대는 사람은, 우리가 인터넷을 하다가 링크를 누르면 다른 페이지로 넘어가듯이, 음식이라는 링크를 클릭하면 바로 행복이라는 페이지가 펼쳐지도록 마인드 페이지가 구성되어 있다. 따라서 이 마인드 페이지를 다시 만들지 않고는 행동 교정이 안 된다.

그리고 동시에 역 방향에서도 작업을 해야 한다. 〈담백한 식사 = 불행〉으로 연결되는 마인드 페이지도 다시 구축하자. 담백하지만 순수하고 소박한 식사를 통해 건강하고 가뿐한 심신을 만들어 더 큰 행복으로 향해 가는 모습을 마음속에서 지속적으로 그려보자.

사업이 잘되기 위해서는 사업체의 홈페이지를 잘 구성해야 한다. 행동을 잘해나가기 위해서는 행복이란 주제에 대한 마인드 페이지를 새롭게 디자인하지 않으면 안 된다.

:: '행복'을 다시 정의하라

대중들에게 인기 있는 다이어트 강사들은 한결같이 운동을 강조하고 상대적으로 식이조절에 대해서는 "굶는 건 근육을 소모시키고 기초대사량을 떨어뜨려 다이어트에 별 도움이 안 된다"고 말 한다. 그러나 우리 안에 있는 에고는 마치 음식을 먹을 때 그러하듯, 정보도 받아들이고 싶은 '맛 좋은 정보'만 받아들인다. 그래서 다이어트 강사들은 분명 '운동을 병행하면'이라는 가정 하에 말을 하는 것인데, 그 앞의 가정은 쏙 뺀 채 "굶는 건 안 좋다"는 입맛에 맞는 정보만 골라서 받아들이는 것이다. 그리고 그 말에 따라 마음놓고 신나게 먹어댄 후 그만큼의 운동은 하지 않는다. 살은 빼고 싶지만 동시에 먹는 행복도 포기하고 싶지 않기에 그 모순된 감정을 충족시켜 주는 다이어트 콘텐츠를 좇는 것이다. 그러나 그렇게 해서는 아무리 다이어트 강사의 말을 좇는다 해도 내 배를 둘러싸고 있는 무거운 살에는 변화가 없을 것이다.

흔히 요요현상은 다이어트에서 주로 사용하는 말인데, 이는 비단 다이어트에서만 일어나는 현상은 아니다. 열심히 하다가 다시 나태해지는 행동의 요요현상은 공부, 운동, 금연 등 모든 노력에 딸려 있는 애물단지다.

초인적인 운동으로 20~30kg을 뺏다 해도 먹는 걸 행복이라고 믿는 에고가 여전히 주자아라면 언젠가는 반드시 살이 되돌아온다. 그리고 그 되돌아오는 살을 막기 위해 또 엄청난 정신력을 소모해야 한다. 그러나 맛있는 음식을 먹는 것과 행복이 아무 상관없다는 생각을 가지게 되면 식이조절에 소모되는 정신력은 급격히 줄어든다.

인간은 자신이 행복이라고 믿는 행위를 계속 반복하며 살 수밖엔 없다. 종교나 도덕이 가치를 상실하고 물질과 감각적 만족이 그 빈자리를 메워가는 세상에서 '행복'이라는 개념이 우리에게 미치는 영향력은 점점 강해질 것이다. 자라나는 아이가 일생을 통해 지속적으로 발전해 나가기를 바란다면, 그리고 자기 자신이 지금과는 다른 행동을 해나가길 바란다면 가장 먼저 바로잡아야 할 것은 내 마음속에 있는 행복에 대한 개념 정의이다.

재미와 여가생활
-취미는 필수인가?

:: 재미 권하는 사회

행복과 함께 또 행동에 큰 영향을 미치는 개념이 재미다. 재미, 쾌감이라는 개념이 우리 사회에서 차지하는 비중 역시 행복만큼 점점 더 막강해지고 있다. 각종 미디어들을 동원하여 미식, 스포츠, 사교, 각종 유행에 따른 소비 등을 부추긴다. 마치 그런 향락적 쾌감을 즐기며 사는 것이 당연하고 그렇지 않은 인생은 뒤처지거나 불행한 듯 몰아간다.

　이를 통해 우리는 알게 모르게 재미와 즐김 대한 강박을 가지게 되었다. 재미있는 사람이 되어야 한다, 재미있는 삶을 살아야 한다, 인생을 즐겨야 한다, 등의 명제는 점점 거부할 수 없는 압박으로 우리 마음에 각인되어 간다. 그리고 남들이 누리는 재미를 누리지 못하는 것을 패배 혹은 결핍이라는 개념으로 인식하게 된다.

재미는 우리의 행동을 이끌어 내는 매우 강력한 동인이 된다. 예를 들어, 공부를 안 하고 게임에 몰입하는 학생은 백이면 백 다음과 같은 개념을 가지고 있다.

게임 = 재미있는 것
공부 = 재미없는 것

이러한 등식은 매우 당연한 것처럼 보일 텐데, 이게 당연하게 보인다는 점에 바로 문제가 있는 것이다.

나이가 어려도 사람에 따라 게임에 전혀 재미를 못 느끼는 사람도 많다. 게임에 재미를 느끼지 못하는 사람은 친구들이나 미디어를 통한 동조화, 상징화, 가치화 등 게임에 대한 재미 학습을 거치지 않은 경우다.

반면 게임에 빠져 있는 학생은 오랜 세월에 걸쳐 게임은 재밌는 것이라는 개념화 학습을 든든히 받아온 것이며, 이 개념은 짜릿한 감각적 쾌감과 어우러지면서 끊기 힘든 중독을 만들어낸다. 따라서 게임에 붙어 있는 가장 기본적인 사항인 〈게임 = 재미있는 것〉이라는 개념을 마음속에 방치하는 한 게임을 중단하게 할 수 없다. 집에서 컴퓨터를 없애봐야 게임방 매출만 올려줄 뿐이다.

우리 사회는 언젠가부터 철학, 도덕, 종교, 공동체, 애국심 등의 가치가 사회적으로 힘이 약해지고 개인의 행복이 지고지순의 가치로 등극했다. 그리고 그 행복에 딸려가는 부수적 가치가 바로 '재미'와 '즐김'이다. 행복, 재미, 즐김은 오늘날 사람들의 정신세계를 지배하는 가장 상위의 가장 강력한 가치가 되어가고 있다.

"그렇다면 즐겁고 재밌게 사는 게 나쁘다는 것인가? 어차피 재미를 추구하면서 살지 않는 사람은 없지 않은가? 당신은 그럼 재미를 전혀 추구하지 않으며 살고 있단 말인가?"라는 비난을 할 수도 있겠다.

이에 대해선 다음 두 가지로 생각해보면 좋을 것이다.

첫째, 재미있게 사는 것이 나쁘다는 것이 아니다. 다만 대체 '무엇을 재미라고 정의하느냐?'하는 것이 문제다.

둘째, 재미를 추구하는 것도 좋지만 순간적 재미를 발전이라는 가치보다 더 상위개념으로 두어서는 안 된다는 점이다.

물론 발전과 노력을 더 상위에 두는 개념체계를 가진 사람이라도 유흥에 취할 수 있다. 그러나 재미와 즐김을 최고의 가치로 숭배하는 사람과 발전을 최고의 가치로 추구하는 사람과는 즐기는 정도에서 차이가 난다. 요는 제어장치, 브레이크가 있는 자동차냐, 없는 자동차냐 하는 것이다. 사안을 OX로 보지 말고 정도 수준으로 파악하는 것이 보다 진실에 다가가는 좋은 태도일 것이다.

:: 의무가 되어버린 취미

종종 우리는 노력은 하지 않고 놀기만 하는 사람에게 "생활 태도를 뜯어고쳐라!"라고 타박하지만 생활 태도 이전에 바꾸어야만 하는 것이 〈노는 것 = 재미〉라는 그의 개념정의다. 반복적 재학습을 통해 이 개념정의를 바꾸어주지 않고는 그의 생활방식을 바꾸려는 어떤 노력도 효과를 거두기가 어렵다. 바로 이런 재미에 대한 강박과 어긋난 개념화가 만들어내는 것이, 우리를 둘러싼 무수한 취미 생활들이다.

"취미가 뭡니까?"라는 질문은 서로 잘 모르는 사이에도 가장 편하게 흔히 할 수 있는 질문이다. 만일 그런 질문을 받았을 때 "취미가 없습니다"라고 대답하면 아주 고루하고 답답한 사람이라는 인상을 주게 된다.

지금 우리나라의 미디어를 보면 어느 분야가 되었든 소위 잘나간다는 사람들은 대개 화려한 취미 생활을 즐기고, 또 그것을 자랑한다. 차 자랑, 돈 자랑, 권력 자랑, 미모 자랑, 여러 자랑이 많지만 가장 흔히 볼 수 있는 것이 바로 취미, 혹은 여가생활에 대한 자랑이다. 여러 매체들에서 자신의 취미 생활을 실컷 즐긴 후 "이제 또 열심히 살아갈 에너지를 충전하게 되었다!"라며 흡족해 하는 사람들의 모습도 자주 보여준다. 취미 없이 산다면 어딘지 각박하고 뭔가 부족한 사람처럼 보여 안쓰러운 느낌조차 갖게 한다. 페이스북 등 SNS를 보면 상당수 내용들이 자기가 즐기는 취미 생활을 사진 찍어 올리는 것이다. 너도 나도 자신이 인생을 즐기고 있음을 보여주고 싶어 하는 것 같다. 현대인으로서 행복한 삶, 혹은 인정받는 삶을 살아가려면 여가를 즐기는 한두 가지 취미는 반드시 있어야 할 것 같다.

그런데 과연 취미를 즐기는 사람이 그렇지 않은 사람보다 더 재밌고 멋스런 인생을 사는 것일까? 늘 시간에 쫓기고 금전적인 압박에 시달리면서도 폼 나는 취미 하나는 가지고 있어야 행복하고 보람 있는 삶일까?

아니다. 그것 역시 하나의 축적되어 온 개념 학습에 불과하다.

:: 취미와 재미

사람들이 취미를 가지는 이유는 그것이 재미있고 즐겁기 때문이다. 그런데 순수한 자신만의 즐거움을 느끼지도 못하면서 남들이 좋다니까 혹은 사교를 위해서 취미에 시간과 돈을 투여하는 사람도 꽤 있어 보인다. 과연 우리가 취미를 통해 얻는 재미와 즐거움은 어느 정도인 것일까?

일본의 유명 작가 후쿠모토 노부유키의 작품 『최강전설 쿠로사와』를 보면, 주인공 쿠로사와가 월드컵 경기 중계를 보는 장면이 나온다. 경기 중 일본의 골이 터지자 친구들과 열광을 하지만, 경기가 끝나고 밀려오는 적막 속에서 그는 무언가 모를 위화감을 느낀다. 그 위화감의 정체는 바로 '이것은 나의 것이 아니지 않은가?' 하는 것이었다.

축구를 좋아하지 않는 사람들도 국가 간의 경기에는 관심을 갖고 응원을 한다. 특히 한일전에서 우리나라가 이기면 전 국민이 기쁨에 휩싸인다. 마치 자신이 경기에서 이긴 것처럼 좋아한다. 그런데 과연 축구를 보는 관중이 느끼는 환희가 더 클까, 골을 넣은 선수 본인이 느끼는 환희가 더 클까? 당연한 얘기지만 우리가 느끼는 기쁨은 직접 선수가 넣은 환희에 비할 바가 아니다. 그 순간 환희의 강도는 물론이고 지속 정도는 더더욱 비교가 안 된다.

우리가 일본에 이겼다고 기뻐해봐야 그 기쁨은 잠시일 뿐이고 우리의 현실은 바뀌는 게 없다. 그러나 일본전에서 골을 넣은 선수의 삶은 그 일을 계기로 변화한다. 취미의 기쁨은 순간에 국한되지만 일에서의 기쁨은 현실을 바꾸고 미래에까지 이어진다.

:: 재미라는 개념에 대한 재학습

교육은 수학이나 영어 같은 지식이나 예절이나 사회질서를 가르치는 데 국한된 것이 아니다. 세상에 존재하는 모든 대상, 심지어 인간 내면의 감정이나 감각에 대한 개념을 정립해주는 모든 일이 다 교육이다. 재미 역시 교육이 절실히 필요한 하나의 개념이다. 당장 우리 아이에게 영단어나 구구단을 가르치는 것보다 더 중요하고 더 큰 위력을 발휘하는 교육이 바로 재미에 대해 올바른 개념을 심어주는 것이다.

재미에 대한 개념화 학습 중 가장 기억에 남는 것은 '재미의 등급화'

이다. 재미를 그 차원에 따라 등급을 나누는 것이다.

A등급 재미

내 삶을 더 나은 방향으로 발전시켜 눈덩이 불어나듯 더 커지고, 지속적인 즐거움을 주는 재미.

B등급 재미

지금 이 순간에만 만족을 주는 재미.

C등급 재미

내 삶에 피해를 주거나 앞으로 나를 더 힘들게 하는 재미.

축구를 보면서 느끼는 재미는 이 기준대로 따지면 B등급 재미일 것이다. B등급까지가 선수가 아닌 취미 생활로 얻을 수 있는 재미의 한계다. 반면 실제 선수가 골을 넣을 때 느끼는 환희는 A등급 재미이다. 선수는 재미와 현실적 보상, 발전을 한 손에 움켜쥘 수 있다. 하루 24시간 제한된 시간을 B등급 재미를 위해 쓸 것인가? 아니면 A등급 재미를 위해 쓸 것인가?

몸이 두 개가 아닌 이상 이것도 하고 저것도 할 순 없다. 많은 이들이 일상 속에서 누리고자 하는 취미와 재미들은 실상 우리가 A등급 재미를 누릴 수 있는 기회를 박탈하는 것에 불과하다.

물론 그렇다고 우리가 갑자기 축구선수가 될 수는 없다. 우리가 하는 일반적인 일이나 공부가, 스포츠나 공연처럼 한순간에 스타덤에 오르게 해주거나 엄청난 금전적 이득을 줄 가능성은 희박하다. 그래서 평범한 사람들은 박지성이나 메시 같은 선수들이 느끼는 환희를 빌려서 즐기게 된다.

이런 현상 때문에 나오는 것이 취미의무론이다. 실제 내 일상에서 극한의 환희를 맛보기가 어려우니 남의 환희를 빌리거나, 비일상에서라도 구현해야 한다는 생각이 취미를 의무로 만드는 것이다. 그러나 빌려서 쓰는 건 아무리 좋아도 한계가 있게 마련이다.

취미를 반드시 가져야 한다, 취미가 있어야 멋진 인생이다, 라는 생각은 얼핏 인생을 즐겁게 사는 방법인 것처럼 보이나 사실은 '나의 일상'에 대한 폄하와 불만족의 표현에 불과하다. 왜 나의 일상에선 축구선수나 무대에 선 연예인처럼 커다란 환희를 얻을 수 없단 말인가? 쉽지는 않지만 어떻게 해서든 나의 일상과 연결되는 재미를 추구하는 것이 최고의 재미를 얻는 길이다. 운동선수, 예술가, 연예인들뿐만 아니라 자신이 가장 재미를 느끼는 일을 하는 사람들은 바로 일상에서 재미를 구현하는 사람들이다.

이상적인 것은 일상의 삶과 취미의 구분이 없어지는 것, 즉 누군가 취미를 물어봤을 때, "사는 게 취미죠!"라고 자신 있게 말할 수 있게 되는 것이다. 물론 척박한 현실에서 이런 생각을 지속적으로 유지하려면 결과보다 도전 그 자체에 아름다움을 느끼는 새로운 미의식을 가져야만 한다. 그리고 이런 의식 역시 학습을 통해서 구축할 수 있다.

:: '즐기는 인생'의 함정

사람들은 일도 잘해서 돈도 많이 벌고, 놀기도 잘해서 즐겨야 한다는 두 가지 기준 모두를 인생에 대입시키려 한다. 그러나 당연히 이 두 가지는 서로 상충되는 기준이다. 잘 놀면서 성과도 잘 내는 건 기본적으로 힘들다. 시간과 에너지의 제약이 있는데 당연히 그렇지 않겠는가?

"놀기도 잘 놀고 공부도 잘하는 애들도 있잖아요?"
"자기 일 열심히 하는 프로가 놀 때도 더 잘 놀던데? 놀 때 제대로 못 노는 사람들이 일도 못하는 거 아닌가?"

요즘은 위와 같은 생각이 어른들뿐 아니라 어린 학생들에게도 주입되어 있다. 하지만 여기에는 두 가지 함정이 있다.

공부 잘하는 아이들을 잘 살펴보면 대개 자신의 공부량을 축소해서 숨기려 하고, 반면 잠을 자거나 놀았던 시간은 부풀리거나 과장해서 말하는 경향이 있다. "나는 공부만 하는 답답한 아이가 아니야, 놀기도 잘한다고!"라는 점을 과시하는 한편, 동시에 다른 경쟁자들을 느슨하게 만들려는 속셈으로 그런 모습을 보이는 것이다. 이런 행태를 보이는 건 학교 모범생뿐만 아니라 사회 모범생들도 마찬가지다.

이런 이야기들을 그대로 믿고 편한 쪽으로만 생각하고 따라가려 한다면 어디서든 밀려날 수밖에 없다. 평소에 열심히 공부하는 것처럼 안 보이는 학생들일수록 잠깐 쉬거나 노는 정도를 가지고도 얼마든지 과장되게 부풀려서 이야기할 수 있다. 특히 경쟁이 치열한 학교에서는 자신의 공부량이나 공부법 등을 숨기려 들기 때문에 이런 말들을 그대로 받아들여서는 안 된다.

또 한 가지 문제는 능력에 대한 부분이다. 성과는 '능력과 노력과 환경의 합'이다. 정말 대단한 능력을 가진 사람이라면 조금 놀아도 좋은 성과를 낼 수 있다. 그러나 그에 못 미치는 능력을 가진 이가 재능 있는 사람과 똑같이 노는 데 시간을 보내려 하면 번번이 실패할 수밖에 없다. 누군가가 충분히 쉬고 놀면서 성공을 거두었다고 해서 나도 가능한 것은 아니다. 그와 나 사이에는 무시할 수 없는 능력차가 엄연히 존재한다. 그와 똑같이 한다고 해서 그의 성공이 곧 나의 성공이 되는 것은 아니다. 이것이 회피하지 말고 받아들여야 할 평범한 우리들의 현실이다.

:: 취미는 나에게 무엇인가

우리가 학습자, 그리고 변화와 발전을 원하는 자신에게 꼭 주입해 두어야 할 사항은, '즐기며 노는 것'이 인생의 성공과 실패를 판단하는 기준이 되지 못한다는 사실이다.

뭔가를 열심히 하려고 할 때 누군가는 이렇게 냉소한다. "그렇게 열심히 해서 뭐해? 그렇게 해봐야 평범한 우리가 뭘 이루겠어? 차라리 젊었을 때 즐기는 게 좋지." 그러나 그런 말을 입에 담는 사람이야말로 진짜 패배자다. 승부에 뛰어들기도 전에 패배를 전제하고 '그럴 바엔 차라리 놀자'라는 포기 논리를 전개하고 있기 때문이다. 남에게 그런 말을 하는 사람은 자기 자신의 인생도 그런 식으로 살아갈 수밖엔 없다.

젊어서, 혹은 남들이 즐길 때 즐기지 못했다고 해서 불행한 인생을 사는 것이 결코 아니다. 패배한 인생을 사는 것도 아니다. 인생에 대해 판단할 유일한 기준은 '세상에 얼마나 가치 있는 것을 내놓았는가'일 뿐, 그 외의 것은 누구도 신경 쓰지 않는다. 대체 우리는 무엇을 위해 즐기고 노는 것일까?

"늙으면 놀 힘도 없으니 젊어서 인생을 좀 즐겨놔야 되지 않겠는가" 라는 말을 흔히들 한다. 이 논리는 의외로 위력이 막강해서 실제로 당장 경제적으로 힘들어도 놀 땐 제대로 놀아야겠다, 라는 생각을 가진 사람들이 많다. 그러나 내가 얼마나 재미있게 즐기고 놀았는가는 나 자신 외에는 아무도 기억해주지 않는다. 아니 나 자신의 기억조차도 점점 희미해지고 얼마 안가 흔적 없이 사라진다.

물론 "누가 알아주길 바라는 게 아니다!"라고 반박할 수도 있다. 그냥 "내가 좋아서 지금 이 순간을 즐기는 거지, 누구를 의식하는 게 전혀 아니다"라는 말도 할 수 있다. 그에 대해서는 – 개인적 경험을 근거로 내린 결론이지만 – 아마도 신은 적당히 인생을 즐기면서 살자고 생각하는 사람들이 정말로 적당히 살아갈 수 있도록 허락해주진 않을 것이라고 말해주고 싶다.

우리는 가끔씩 의심 없이 믿고 있는 명제들, 혹은 이미 사회 전반에 당연하다고 전제되어 있는 개념들이나 의식들에 대해 의심하고 스스로를 점검해봐야 한다.

풍요로운 삶을 살기 위해 선택한 취미가 오히려 진정한 삶의 풍요, 내면의 풍요를 빼앗고 있는 것은 아닌지 진지하게 생각해볼 필요가 있다. 남들이 주입해준 대로 생각하고 있는 것은 아닌지, 남들이 좋다는 대로 따라가며 살고 있는 것은 아닌지, 다른 이들의 시선을 의식해 시류에 휩쓸려 가느라 나의 소중한 시간과 에너지를 낭비하고 있는 것은 아닌지. 그리고 무엇보다 내가 느끼는 재미나 즐기고 있는 취미는 나에게 어떤 의미가 있는지, 현실을 직시하고 노력하는 것을 막는 회피의 도구로 사용되고 있는 것은 아닌지 진지하게 점검해보아야 한다.

스트레스와 즐거움,
호불호의 감도

:: 호불호의 발생

사람들이 취미를 가지는 이유가 꼭 재미를 위해서만은 아니다. 취미를
가지는 또 하나의 중요한 동기는 바로 스트레스 해소다.

취미 활동과 스트레스 해소에 대해 많은 사람들은 다음과 같이 생
각한다.

① 일이나 공부, 훈련 등을 하다보면 스트레스가 쌓이고 정신이 지
친다.

② 취미 같은 '재밌는 것'을 접하면 누적된 스트레스가 제거된다.

③ 스트레스가 제거되면 일을 더 해낼 만한 에너지와, 스트레스를
    받아들일 마음의 여유 공간이 확충된다.

그러나 설득력이 있어 보이는 이 명제들도 오류가 전제되어 있다.

일단 ①번 명제는 〈일, 공부, 훈련=스트레스〉 라는 도식을 기본 가정으로 깔고 있다. 그러나 꼭 일이 스트레스여야 할 이유는 없다. 어떤 것보다 일할 때가 가장 편하고 즐겁다고 말하는 사람들도 많다. 한 가지 대상을 각기 다르게 혹은 전혀 상반되게 받아들인다는 것은 결국 문제가 대상에 있는 것이 아니라 그 대상을 받아들이는 사람에 있다는 것을 뜻한다. 따라서 일이나 훈련을 할 때 스트레스를 받는 건 원래 그렇거나 당연한 것이 아니라 무언가 오류가 발생한 것이다.

물론 일이나 훈련을 좋아하게 되는 경우가 매우 특수한 경우라고 생각할 수도 있다. "좋아하는 일을 하며 살라!"는 말이 지나치게 이상적이라는 것도 인정할 수 있다. 사회적 안전망이 거의 없는 우리 사회에서 안정적인 일보다 좋아하는 일을 선택하는 것은 너무나 어려운 일이다.

그러나 이런 현실을 인정하더라도 우리가 일단 알아야 할 사실은 내가 지금 이 일을 싫어하게 된 것도 다 교육과 학습의 결과라는 점이다.

태어난 지 얼마 안 되는 아이에게 구구단표를 보여주면 그 아이는 좋아할까, 싫어할까. 당연히 양쪽 모두 아니다. 처음엔 아무 느낌도 없을 것이다. 구구단이 뭔지 모르기 때문이다. 그러나 조금 더 크고 구구단이 뭔지를 알게 되면 거기서부터 좋아하는 아이와 싫어하는 아

이로 나뉘게 된다. 바로 거기, 즉 그 대상이 무엇인지를 알게 되어가는 과정에서 공부를 좋아하는 아이와 싫어하는 아이로 나뉘는 어떤 사건, 즉 계기가 발생한다. 계기 없이 발생되는 선호도 없고, 계기 없이 발생되는 불호도 없다.

호불호에는 반드시 '계기'가 존재한다.

그런데 이 계기는 의외로 사소한 것일 수가 있다. 어른과 아이의 심리 중 가장 크게 차이가 나는 부분은 바로 민감도다. 어른이라면 아무렇지 않게 생각하거나, 아무 느낌도 받지 않는 현상에 대해 아이들은 극단적인 반응을 보이곤 한다. 먹고 있던 사탕을 뺏겼다고 방이 떠나가라 우는 어른은 없다. 그러나 아이에게 사탕을 뺏는 것은 순간적으로 서러움과 분노가 폭발할 만큼 엄청나게 민감한 사건이다.

이렇듯 나에게는 감지 못할 만큼 작은 일이지만 상대에게는 엄청난 영향을 미칠 수 있다는 점을 인식 못하는 둔한 이들 때문에 수많은 교육적 오류가 발생하고, 왜 그렇게 되는지도 모른 채 수많은 아이들은 오늘도 그렇게 변해가고 있다.

책 읽기를 싫어하게 된 아이의 경우, 아마도 그를 가르쳤던 부모나 보육 교사는 의식하지 못하겠지만 책이나 구구단표를 건네줄 때 평상시보다 더 경직된 표정을 지었거나, 의무적 과제 수행을 연상케 하는 느낌을 주었거나, 고압적인 톤으로 말을 했을 개연성이 크다. 꼭 그렇지는 않았더라도 무언가 평소와는 다른 이질적인 뉘앙스가 있다면 민감한 어린이에게는 그 모든 것이 부담감으로 받아들여진다. 냉정히 말해 공부하는 걸 싫어하는 사람이 아이에게 책 읽기를 권유할 때 즐거움의 에너지가 나올 리 있겠는가? 차고 어두운 기운이 나오지 않으면 다행일 것이다.

만일 권유하는 사람 자신이 권유하는 내용을 싫어한다면, 그 기운은 반드시 학습자에게 전달된다. 언어의 뜻보다 상대의 표정이나 분위기 등을 훨씬 예민하게 받아들이는 어린아이들에게는 그것을 능히 포착할 감수성이 있다.

이처럼 학습자가 해당 대상을 싫어할 수밖에 없는 계기를 만들어준 당사자들이 나중에 결과가 나쁘면 그 원인을 학습자에게만 돌리곤 한다. 능력 부족이라느니, 원래 공부가 적성에 안 맞는다느니, 집중력 부족이라느니 등등.

그러나 아쉽게도 우리의 기억은 어린 시절부터 지금까지 벌어졌던 모든 일을 다 커버할 수 없다. 그래서 내가 이것을 왜 싫어하게 되었는지, 왜 좋아하게 되었는지 그 계기와 지점, 과정 등은 대부분 밝히기 힘든 무의식에 가라앉아 있다.

하지만 일단 한 사람이 무언가를 싫어하게 된 것은 어디까지나 싫어하게 되는 개념화 학습과정을 거쳤기 때문이라는 사실을 알게 된다면 지금까지와는 다른 프레임으로 사안을 바라볼 수 있게 된다. 이런 과정은 자기 자신에게도 마찬가지로 적용된다.

:: 스트레스와 즐거움의 감도 학습

우리가 '호불호의 계기'를 정확하게 규명하기 힘든 이유가 무감각과 기억의 한계에만 있는 것은 아니다. 문제가 되는 계기는 여러 가지다. 일단 최초에 대상을 싫어하게 만드는 거북한 계기를 접하게 되면, 그 사안에 대한 민감도가 크게 증폭되고, 추후에 그와 비슷한 형태의 외부 자극을 더욱 예민하게 포착하고 기억 속에 저장해 둔다. 하나의 계기가 다른 유사 계기를 빨아들이는 형태다. 이런 과정이 십수 년에 걸쳐 일어나면 나중에 그 근원 뿌리를 밝히는 건 불가능에 가까워진다.

그리고 인간은 이미 고착화된 사고와 행동 양식에 대해서는 무조건 기존의 것을 지키려는 보호심리를 가진다. 책을 싫어하고 게임을 좋아하고, 담백한 소식을 멀리하고 기름진 음식을 즐기는 것이 오랫동안 지속되면 그 패턴을 어떻게든 사수하려고 한다. 그 보호심리는 기존 행동양식의 사수를 위해 필요하다면 우리의 기억에 조작을 가하거나 어둠의 장막을 치는 일 정도는 얼마든지 수행하기 때문에, 문제의 원인을 찾는 건 몹시 어렵다.

따라서 이미 어느 정도 행동양식이 굳어진 사람에게 갑자기 일하면서 스트레스 받지 마라, 공부를 좋아해라, 미식을 멀리해라, 라는 강요는 거의 소용이 없다. 계란으로 바위치기다. 그러면 손을 놓아야 하는가? 당연히 그렇지는 않다. 이런 상황에서 우리에게 필요한 건 점진적 반복 학습의 진행이다.

지금까지 전혀 없던 감각이나 감정을 갑자기 만드는 건 불가능에 가깝다. 이미 감각, 감정 체계가 어느 정도 굳어져 있는데 마음에 존재하지도 않던 공부를 갑자기 좋아하게 되는 감정이 생겨날 수는 없다. 일단 마음 안에 없는 감정을 단번에 완벽하게 바꾸려 하지 말고 지금의 상황을 그대로 인정한 상태에서 감도를 서서히 조절해들어가야 한다.

학생들의 경우를 생각해보자. 공부를 싫어하는 학생은 대체로 다음과 같은 감각과 감정 개념이 정립되어 있다.

> 일(공부) = 힘듦, 짜증, 스트레스
> 놀이 = 재미, 즐거움, 스트레스 해소

이와 같은 마음속의 개념적 감각 연결을 일단은 인정하되, 그 정도(강도)를 조절해가는 것이다. 일단 스트레스보다는 재미의 감도를 낮추는 일에서부터 시작하자. 왜냐하면 노는 것의 강렬한 재미에 빠져 있으면, 놀지 못한다는 또 하나의 스트레스 요소가 생겨나기 때문이다. 많은 학습자들이 공부를 한다는 것에서도 스트레스를 받지만, '놀지 못한다'는 사실 때문에 두 배의 스트레스를 겪는다. 따라서 일단 노는 재미의 감도를 줄이는 것이 좋다. 그 다음에 일과 공부에서 오는 스트레스의 감도를 줄이는 작업에 들어간다.

기존 감각의 정도를 뒤흔드는 작업이 있은 후에야, 당초의 상태에서 벗어나 정반대의 개념 정립이 가능해진다.

일(공부) = 재미, 즐거움, 스트레스 해소
놀이 = 힘듦, 짜증, 스트레스

인간의 감정, 감각은 갑자기 바뀌지 않는다. 공부나 일을 즐겨보라는 노력왕들의 충고대로 따라해보고 싶은데도 나는 왜 공부가 좋아지지 않을까, 나는 왜 일 하는 게 즐겁지 않을까, 라며 자책할 필요는 없다. "공부를 즐겨보세요!"라는 말은 멋있게 들리기는 해도 실제적으로 아무런 효과 없는 멘트다. 좋은 말, 공감이 가는 말을 듣고도 왜 실천은 하지 않느냐고 하지만 그 말대로 하고 싶다고 해서 할 수 있는 것이 아니다. 행동 변화를 위해서는 순간적인 감동이 아니라 감정개념의 변화가 필요하다. 감정개념이 변하지 않으면 어떤 행동도 지속력을 가질 수 없기 때문이다.

:: 놀이의 즐거움을 낮춰주는 장치

그렇다면 어떻게 감각 감도를 바꿀 수 있는가?

기본적으로 효과적인 방법은 남의 방식을 무작정 받아들이지 말고, 자신의 내면에 있는 긍정적 심리 요소를 발굴해서 그것을 키우는 것이다.

우리는 형편없는 모습을 보이기도 하지만 또 한편으로는 훌륭한 모습도 있는 존재다. 아무리 방탕한 사람이라도 지나치게 유흥에 빠져 있다보면 불안, 걱정 등의 감정을 느끼는 때가 온다. 즉 아무리 좋은 쾌감도 지나치게 많이 접하면 부정적 느낌을 받는 심리가 누구에게든 있는데, 이 심리는 최악으로 내달리는 걸 막는 소중한 제어장치 역할을 해준다. 간혹 이런 제어장치가 완전히 망가져 무분별한 향락을 즐기는 사람도 있는데 우리는 학습자, 그리고 우리 자신이 그런 지경에까지 이르지 않도록 경계하고 관심을 가져야 한다. 이 제어장치가 망가지지 않는 한 우리는 최악의 상황으로 떨어지는 걸 저지하고 다시 성공을 향해 나아갈 수 있다.

이 제어장치의 형태는 사람마다 각각 다를 수 있다. 폭식을 멈추는데 있어 어떤 사람은 자신의 벨트 위로 흘러넘치는 뱃살이 제어장치가 되고, 어떤 이는 비만과 고혈압으로 고통받는 친구의 모습이 떠오를 때 절제가 되곤 한다. 각자 살아온 인생과 환경이 다르기 때문에 제어에 효과적인 요소도 다를 수밖에 없다. 따라서 우리는 노력왕들의 이야기를 추종하는 것보다 오히려 내 마음속의 긍정적 요소를 발견해내는 데 더 많은 신경을 써야 한다.

그리고 나의 제어장치를 발견해냈다면 그것을 아름답고 소중한 존재로 인식해야 한다. 불안, 걱정, 고뇌, 후회 등, 일반적으로 스트레스를 유발하는 나쁜 것이라고 인식하는 감정들은 실상 우리를 최악에서 구해주는 소중하고 멋진 구원투수다. 공부를 안 할 때 생기는 불안, 무작정 먹을 때 생기는 걱정, 절제하지 못하고 저지른 후에 오는 뼈아픈 후회, 이 모든 것들을 소중한 것이라고 스스로에게 지속적으로 말하고, 그 감정들을 고맙고 아름답게 받아들이자. 그리고 그 고마움과 아름다움을 점점 더 크게 느끼려고 의식적으로 노력해보자. 반면 자신을 나태하게 하고 시간을 낭비하게 만드는 것들이 주는 재미에는 기존에 피하려고 했던 불쾌감, 불안함, 불안정 등의 감정을 대입시킨다.

놀이 = 불안한 것, 불쾌한 것, 걱정스러운 것, 불편한 것, 후회스러운 것

기존의 불안, 불쾌, 걱정, 불편이란 개념으로 느꼈던 감정들을 내가 끊어야 하는 행동과 의식적으로 연결시키려 해본다. 이게 잘 안된다면 적어도 놀이에 들어가기 전에 〈불안, 불쾌, 걱정, 후회, 불편〉이라는 단어를 입으로 200번만 되뇌어보자. 그리고 평소 머릿속으로 시간 낭비를 하고 나서 불안해하고 걱정하고 후회하는, 선한 에고가 점점 커져서 나의 주자아가 되는 모습을 꾸준하게 연상하자. 폭식을 막아주었던 나의 제어장치가 두툼한 내 뱃살이었다면 음식을 먹으려 할 때 반드시 나의 뱃살을 한 번 쳐다보거나 혹은 머릿속에 강한 명도와 채도로 벨트 위로 넘치는 뱃살을 떠올려보자. 그리고 먹고자 했던 기름진 음식에 그 모습을 덮어 씌운다.

이 방법의 기본 원리는 내 안에 원래 존재했던 소중한 제어장치를 더욱 중히 사용해나가는 것이다. 가장 중요한 것은 믿고 실행해주는 것이다. 기본적으론 각자의 개념화 과정이 모두 다르기 때문에, 스스로 자기에 맞는 재학습 방법을 고민해보는 것도 좋을 것이다.

자신에 대한 판단
- 나는 ○○한 사람이다

:: 나에 대한 개념화가 행동을 만든다

외부 대상에 대한 우리의 개념을 단번에 바꾸는 건 기본적으로 힘들다. 왜냐하면 한 번 마음을 허락한 외부 대상은, 그때부터 나라는 존재의 일부가 되기 때문이다. 내가 사과를 좋아한다면 그건 더 이상 사과가 아니다. '나의 사과'가 되는 것이다. 우리가 누군가를 사랑하면 '나의 사랑'이라 부르는 것처럼. 사랑은 뿌리치기 쉬워도 '나의 사랑'은 뿌리치기 어렵다.

다시 말하지만 개념화는 생존 판단을 위해 생겨난 인간의 습성이다. 그렇기 때문에 모든 판단과 개념화의 가장 중심이 되는 기준은 바로 "나"이다. 외부 대상과 "나" 와의 관계성 규명이야말로 개념화라는 작업의 본질이다. 고기 요리에 중독된 사람은 고기에 대해 '나의 미각에 쾌감을 주고 나를 행복하게 해주는 것'이라는 개념 감각을 가지고 있다. 이 말은 '나는 고기 요리를 먹으면 쾌감을 느끼고 행복해지는 사람이다'라는 나 자신에 대한 정의와도 연결되어 있다. 고기를 좋아하게 되면 그때부터 고기라는 개념은 내 존재의 일부가 된다.

그런데 역으로 자신에 대한 개념 정의가 외부 대상에 대한 개념화에 영향을 끼치는 경우도 많다. 만일 '나는 고기를 좋아하는 사람이 아니다. 나는 채식 애호가다'라는 자기 정의를 구축한 사람이라면, 고기 요리에 대한 무분별한 탐닉은 하지 않는다.

게임을 빠져 있는 사람은 한결같이, '나는 게임을 좋아하는 인간이다'라는 자기 정의를 가지고 있고, 중국음식을 즐겨 먹는 사람은 '나는 중국음식을 좋아하는 사람이다'라고 자신에 대해 정의를 해놓고 있다. 이는 일상적으로 우리가 하는 모든 행동에 적용된다. 화를 잘 내는 사람도 마찬가지다. 이런 사람들은 자신에 대한 개념화를 다음과 같이 구축해 놓은 사람들이다.

'나는 화를 잘 내는 사람이다.'
'나는 화를 잘 못 참는 사람이다.'
'나는 화를 내고나면 속이 시원해지는 사람이다.'

이렇게 자신을 개념화해 놓으면 실제로 그 '자기 정의'에 따라 외부 대상에 대한 느낌이 결정된다.

따라서 이러한 자기 정의를 바꾸어 놓지 않는다면, 느낌이나 행동을 바꾸는 일은 요원해진다. '맛있는 걸 먹으면 행복해지는 나'를 그대로 내버려둔 채 무슨 수로 식이조절에 성공한단 말인가? 설사 가능하다 해도 그 방법은 엄청난 고통을 동반하게 되고, 또 그 성공이 장기간 유지되기가 어렵다.

:: 나와 외부 대상의 일체감

"나는 ○○한 사람이다."

이런 자기 정의가 만들어지는 데는 크게 두 가지 방법이 있다. 정말로 자신이 ○○한 사람이어서 그렇게 되는 경우가 있고, '나는 ○○한 사람이다'라는 믿음이 나를 그렇게 몰아가는 경우도 있다. 전자의 경우는 어떻게 해볼 도리가 없다. 문제는 후자다. 실제 본인의 정체성이 아닌데 '나의 정체성이 이것이다'라고 철썩같이 믿어버리고 그에 따라 행동한다면, 더구나 그 행동이 자신의 발전에 해를 끼치는 경우라면 그건 정말 심각한 문제다.

내 경우를 예로 들자면, 나는 학창 시절 수학을 지독하게도 싫어했다. 당연히 성적도 나빴다. 수학을 못한다는 사실은 대학 진학에도 지대한 영향을 미쳤다. 그렇게 대학에 들어간 후에 공부를 배우는 입장에서 공부를 가르치는 입장으로 바뀌었고 이때 만난 한 수학 강사의 강의를 듣게 되었다. 그 강사는 "저는 수학에 재능이 없어요, 수학 체질이 아니에요"라는 말을 하는 학생에게 이렇게 말했다.

"네가 그런 말을 하니까 수학이 싫어진 거야!"

합리성이나 정의, 일 자체의 효율보다 "나"를 지키고 "나"를 관철시키는 걸 더 소중히 여기는 것은 인간의 본성 중 하나다. 직장에서도 뻔히 잘못된다는 걸 알아도 윗사람의 제안에는 드러내놓고 반대하지 못하는 게 일반적인 모습이다. 윗사람은 자신의 의견이 반대를 당하면 무조건 기분 나빠 하기 때문이다. 잘못된 선택이었다는 걸 증명하는 증거들이 산더미처럼 쌓여도 사장이 '내가 선택한 것이기 때문에' 끝까지 밀고 나가는 경우도 많은데 이것이 기업이 망하는 주된 이유가 되기도 한다.

일단 '○○하게 행동하는 것이 바로 나다!'라는 스스로에 대한 개념 정의가 구축되면 어지간한 피해가 있어도 그 행동의 지속을 막기가 어렵다. 신체와 에고를 변화 없이 고수하려고 하는 것은, 다른 모든 일에 우선하는 인간 최고의 본성이기 때문이다.

이 실패의 소용돌이에서 벗어나기 위해 해야 할 일은 역시 대상과 나 사이에 성립된 관계를 끊어버리는 것이다. 게임 중독자에게 게임은 곧 나 자신이고(게임=나), 알콜 중독자에게 알콜은 곧 나이다(알콜=나). 그렇기 때문에 알콜이나 게임을 끊으려고 해도 거기서 나 자신을 짓밟는 것과 같은 거부감을 느끼게 되고, 결국 몸이 망가지고 정신이 피폐해지고 가산을 탕진하는 끔찍한 일이 일어나도 끊지 못하게 된다.

문제가 되는 행동이나 대상에 대한 천착을 끊기 위해선 일단 그것과 나의 일체성을 깨뜨려야만 한다.

> 도박을 끊고 싶다면, 도박과 내가 아무 관계가 없다는 사실을 지속적으로 인식해야 한다.
>
> 쇼핑 중독을 끊고 싶다면, 쇼핑이 나의 존재 구성에 아무 도움이 안 된다는 사실을 반복 인식해야 한다.

:: 과대평가, 과소평가

자신에 대한 개념 정의와 함께 행동에 큰 영향을 끼치는 또하나의 요소는 자신의 능력에 대한 판단이다.

중독에서 헤어 나오지 못하는 사람들의 가장 큰 특징은 자신의 컨트롤 능력에 대한 과신이다. 다이어트를 원하고 먹는 것 때문에 살이 찐다는 것을 알면서도 먹는 것을 절제하지 못하는 이들 중에는 "나는 마음만 먹으면 언제라도 살을 뺄 수 있다!"라는 말을 사람이 꽤 많다. 논리적으로 보면 이 말은 정말 아무 의미도 가치도 없다. 살을 빼겠다고 마음을 먹는 날은 대체 언제 온단 말인가? 왜 그날은 오늘이 아니어야만 하는가? 변명을 넘어 궤변에 불과한 말이지만 의외로 많은 이들이 애용한다.

원래 금욕보다 절욕이 압도적으로 어렵다. 그러나 우리는 많은 경우 '나는 절욕할 수 있을 것'이라고 스스로의 능력을 맹신한 채 탐닉에 첫 발을 내딛는다. 게임을 두 시간만 하고 그만해야지, 오늘 술은 딱 1차만 마셔야지, 오늘까지만 야식을 먹고 내일부터는 먹지 말아야지 등등, 지금 이 순간은 탐닉에 빠지지만 앞으로 참아낼 것이라는 모호하고 근거 없는 판단을 우리는 너무나도 쉽게 긍정해버린다.

자신의 절제력에 대한 과대 평가가 잘못된 행동을 지속시킨다.

이와는 반대로 자신의 능력에 대한 지나친 과소평가 역시 노력의 정도를 높이는 데 방해가 된다.

하루에 5시간 공부하고 크게 만족하는 학생이 있는가 하면, 10시간 공부를 해도 만족하지 못하는 학생이 있다. 이 서로 다른 만족에 대한 기준선은 커다란 차이를 불러오게 되는데, 이렇게 만족 기준선이 달라지게 되는 이유는 이 두 학생이 가지는 자신에 대한 판단 때문이다.

5시간 공부하고 만족한 학생은 일단 목표치도 낮고, 무엇보다 자기 자신은 '하루 5시간 정도 공부를 할 수 있는 사람'이라는 자기 인식을 가지고 있다. 반면 10시간 해도 만족하지 못하는 학생은 실제 자신은 충분히 10시간 이상 공부를 할 수 있는 사람이라는 평가를 내리고 있기 때문에 성에 차지 않는 자신에게 불만을 가지게 된다. 그리고 어떻게든 스스로에 대한 평가에 걸맞게 10시간 이상 공부해야 한다는 의무감을 느끼게 된다.

자신을 어떻게 평가하는가에 따라서 목표치와 성과가 이렇게 달라지기 때문에 '지금까지 내가 보여온 모습이 실제 내가 가진 능력의 총합일까?'라는 의문을 던져주는 것은 변화 교육에 있어 가장 우선적으로 해야 할 일 중 하나다.

:: 누구를 위한 삶인가?

대부분의 학생들은 자신의 능력치에 대한 상향 평가를 좀처럼 하지 못한다. 10시간 공부하고도 불만을 토로하는 의욕적인 학생은 쉽게 발견하기 어렵다. 자기 능력에 대한 평가를 제대로 하기도 어렵지만 스스로에 대한 믿음도 없기 때문이다.

실제로 우리 주변에는 스스로를 과소평가하게 만드는, "네까짓 게 무슨?"이라는 망령이 둥둥 떠돌아다니고 있다. 특히 가까운 사람에 대한 평가일수록 야박하다. 이것은 동서양을 막론하고 "선지자는 고향에서 대접을 받지 못한다"라거나, "시종 앞에 영웅이 없다"라는 옛말들이 증명해준다. 가까운 사이일수록 서로를 인정하기보다 경쟁심이나 시기심 섞인 폄하를 하기 쉽다.

꼭 뛰어난 사람이나 유명한 사람들을 향해서뿐 아니라 우리 역시 평범한 일상 속에서 이런 경쟁심 섞인 폄하를 주고받는다. 젊은이들 대상의 외부 강연에서는 "꿈과 야망을 가지세요!" "자신의 길을 만들어보세요!"라고 외치는 대기업 간부도, 정작 자신의 아랫사람이 자신을 뛰어넘어보려고 하는 데는 경계심과 감정적 알레르기 반응을 보이고, 꿈과 야망은커녕 "그냥 잠자코 해오던 대로 해!" "내가 하라는 대로 시키는 일이나 잘 해"라는 반응을 보이는 경우가 태반이다.

이런 현상이 예전에는 성인들 조직사회의 전유물이었지만 최근에는 청소년들의 학교생활도 비슷해져가고 있다. 학교의 친구는 이제 친구인 동시에 경쟁자이고 심지어는 적이다. 그래서 사회에서도 좀처럼 찾기 힘든 극단적인 경쟁과 폭력이 크게 늘고 있다. 반대로 친구 간에 솔직한 평가를 주고받으며 서로를 격려하는 일은 점점 사라지고 있다.

경쟁심이라는 심리는 근본적으로 상대에 대해 폄하적 태도를 취할 수밖에 없게 만든다. 또한 자신이 인정받기 위해서라면 극단적인 행동도 서슴지 않는다. 숱한 반항아들과 문제아들이 왜 그런 터무니없는 일탈을 하는가? 바로 또래들의 인정을 받기 위해서다.

인정 받고 싶은 욕구를 잘 활용하면 자기 발전에 큰 도움이 되겠지만 주변 사람들의 인정을 받기 위한 삶을 살아서는 안 된다. 그 대상이 누구든 그 사람의 눈높이에 맞추려고 안간힘을 써서는 자신의 길을 제대로 찾을 수도 없고, 진정한 자기 삶을 살 수도 없다. 주변인의 인정을 받으려는 생각이 나를 망친다.

어려서부터 극심한 경쟁에 내몰리는 사람들이 자신의 자아상을 올바르게 정립할 수 있으리라고 보기는 어렵다. 일찍부터 비틀린 채 수립된 자아상은 잘못된 행동을 만들고, 이미 저지른 잘못된 행동이 다시 자아상에 타격을 입히는 악순환에 빠지게 된다. 이 그릇된 자아상,

자신에 대한 판단들을 교정하지 않고는 그 어떤 혁신적인 행동 변화도 일어나기 힘들다.

　우리가 남에게 하는 말은 대부분 자기 자신에게 하는 말이기도 하다. 부처님 눈에는 부처님만 보이고 돼지 눈에는 돼지만 보인다 했던가. 누군가에게 "네까짓 게 뭘 할 수 있다고 노력이냐?"라는 말을 하는 사람이 있다면, 그는 자기 자신에게도, "나 같은 게 뭘 하겠어? 그냥 오늘을 즐기자!"라는 메시지를 주입하는 사람이다.

　바로 그런 행태에서 벗어나는 것이 곧 변화의 첫 번째 발걸음이다.

필요와 효용 판단
- 진정 후회 없는 선택인가

:: 실체적 필요 vs 모호한 필요

우리가 행동을 하는 데는 감각이나 감정적 요소만 영향을 끼치는 것이 아니다. 이성적 판단도 행동 결정에 주요한 요소가 된다. 그중에서도 역시 필요와 효용에 대한 판단이 중요하다. "이 일은 나에게 얼마나 필요한가?" "이 일은 나에게 얼마나 큰 이득(효용)을 줄 수 있는가?"에 대해 스스로 내리는 답이 바로 행동 결과와 직결되곤 한다.

평상시엔 빚에 쪼들려 살면서도 휴가 때가 되면 꼭 해외로 여행을 나가는 사람이 있다. 이 경우 해외여행이 가져다주는 여러 가지 기분 좋은 쾌감들이 행동을 유발시키기도 하지만 그와 함께 그 행동을 지지해 주는 건 효용에 대한 판단이다.

"적당한 휴식과 놀이가 나를 더 활기차고 열심히 살도록 만들어줄
것이다."
"그동안 쌓인 스트레스를 이 여행이 풀어줄 것이다."
"활기차게 사는 데 해외여행은 필수적이다."
"여행 경험이 사회 생활에도 도움을 줄 것이다."

어떤 이유를 대든 효용 판단을 하지 않고 해외여행을 하는 사람은
없다. 만일 휴식, 재충전 같은 여행의 효용을 전혀 인정하지 않는 사
람이라면? 당연히 비싼 경비와 시간을 들여 해외여행 따위를 갈 리가
없다.

그러나 휴식이나 재충전의 효용은 우리가 가진 개념들 중에서도 그
의미가 가장 모호한 것이다. 다만 우리 안의 즐기고 싶은 욕망과 뒷일
을 생각하지 않는 나태가 이런 모호한 필요를 실제적인 필요로 인식하
게 만든다.

우리는 실체적으로 인식되는 필요만 받아들인다.

이와 반대로 공부나 훈련을 게을리하는 사람들은 공부/훈련을 해
야 하는 필요를 모호하게 인식한다는 공통된 특징이 있다.

성적이 낮은 학생들은 공부를 해야 하는 이유를 "공부해야 성공하니까", "좋은 대학 가야 사회생활에 유리하다고 하니까" 등등 자기 확신 없이, 애매하게 파악한다. 성공이나 출세 같은 개념은 학생들 입장에선 어디까지나 남에게 전해들은 것에 불과하기에, 자신에게 당장 절실한 필요로 와 닿지가 않는 것들이다. 차라리 그런 것보다는 "공부를 못하면 친구들이 무시한다", "성적이 나쁘면 사랑하는 어머니가 슬퍼한다" 같은 실제 겪었던 일이 훨씬 실체적인 필요로 느껴지게 된다.

물론 성공, 출세 같은 단어로도 강하게 분기하는 학생도 있다. 그런 경우는 어디까지나 성공, 출세라는 개념이 상당히 구체적으로 묘사된 상징체계를 가지고 있는 경우이다. 인간은 자신만의 상징체계가 없고 실체가 와 닿지 않는 말로는 결코 자극받지 않는다.

:: 필요, 그 개념의 상징체계

흔히 학생을 공부시키려 할 때 "공부 안하면 나중에 고생한다", "공부 잘해야 나중에 대접받고 산다." 등의 이야기를 하는데 열에 아홉 번은 효과 없이 끝난다. 교사나 학부모들이 쓰는 이런 위협적 멘트가 거의 효과가 없는 이유는, 그것을 받아들이는 이의 상징-개념체계를 전혀 고려하지 않았기 때문이다. 상대방을 고려하지 않고 자신의 방식, 자신의 개념체계만을 강요하는 것은 일방통행에 그칠 뿐이다.

나에게 긍정적 상징이라고 해서 상대에게도 그러리라는 보장은 없다. 내가 '출세, 성공, 인기' 같은 단어에 가치를 부여한다고 해서 남도 좋아한다는 생각은 근거 없는 것이다. "이 세상에 돈, 출세, 인기 싫어 하는 사람이 어디 있나?"라고 말할 수도 있다. 하지만 그건 일평생 그런 이들 틈에서만 살아왔기에 할 수 있는 말이다. 세상에는 전혀 다른 생각을 가지고 있는 사람도 많다. 돈이나 출세라는 단어를 오염의 상징으로 받아들이는 사람들도 그것을 찬양하는 사람 못지않게 존재한다. 그런 사람들에게 "공부해야 돈 벌고 출세할 수 있다", "돈, 지위가 없는 인생은 실패한 인생이다." 따위의 이야기를 해봐야 먹힐 리가 없다. 무엇보다 실제로 공부가 출세나 부와 연결되지 않는 예도 부지기수로 많다.

누군가를 분기시키는 기폭제를 던지려 할 때는 그것이 과연 그의 내면의 상징체계에서 얼마나 효과적일지를 생각해본 후에 해야 한다. 이는 자기 자신에 대해서도 마찬가지다. 대부분 노력왕들의 책이나 강의를 보면, 그들이 우리에게 주는 자극의 기폭제는 어디까지나 그들 자신에게 효과가 있었던 것들이다. 앞뒤 다 생략한 채, 자신이 이룬 결과와 인상적인 한 두 가지의 계기만 부각시키는 게 일반적인데 실상은 자신을 분기시켰던 기폭제가 무엇인지 스스로도 정확하게 인식하지 못하는 경우가 다반사다.

우리는 식당에서 음식을 먹을 때 그 음식에 얼마나 많은 첨가물과 조미료가 들어가 있는지 알 수가 없다. 어느 정도 추측할 수는 있어도 실제 조리과정을 보지 않는 한 진실은 알 수가 없다. 노력왕들의 스토리 역시 마찬가지다. 군살 없는 유익한 콘텐츠도 있으나 대다수는 그

안에 얼마나 많은 생략, 과장, 축소, 가미된 픽션 등의 조미료가 쳐져 있는지 알 수 없다. 맛을 내는 각종 조미료로 뒤범벅된 음식은 맛은 있지만 건강에는 해악을 끼친다. 마찬가지로 조미료로 버무려진 노력 스토리 역시 일시적 감흥은 있어도 장기적이고 지속적인 변화를 주진 못한다.

다만 이에 대해서는 "각각 사람들의 가치−상징 체계를 어떻게 다 일일이 알 수가 있냐?"라고 반문할 수 있다. 실제로 우리 자신도 우리 안의 개념 체계를 백퍼센트 인지하지 못하는데, 타인인 교육자가 그걸 알아주기를 바란다는 것이 무리한 요구로 보일 수도 있다. 하지만 사람들마다 상징체계가 각각 다르다는 것을 인식하는 것만으로도 교육자의 자세나 태도는 달라지게 된다.

실례로 많은 어른들이 롤 모델로 제시하는 판검사나 명문대 수석생, 유명 CEO 같은 사람들의 예시는 실제 학생들에겐 그 기폭효과가 생각만큼 높지 않다. 그런 사람들에 대해 '머리가 좋고 능력 있는 사람인 건 인정하지만 존경할 것까지는 없는 사람들'이라는 상징체계를 구축하고 있는 이들도 많기 때문이다. 또 그런 상징체계가 꼭 틀린 것만도 아니다.

반복되는 말이지만 결국 최고의 동기 부여는 결국 스스로 만드는 수밖엔 없다. 어쩌면 최고의 교육은, 스스로 자신을 교육시킬 수 있는 사람으로 길러주는 것이 아닐까 싶다.

:: 필요 정도

필요와 관련하여 우리의 노력을 막는 명제 중 하나가 바로, "꼭 그 정도까지 할 필요가 있어?"라는 것이다.

프로야구 삼성 라이온스의 끝판왕 오승환 선수는 우승 축하연에서도 녹차만 마셨다고 한다. 유별난 노력을 해야 유별난 결과를 얻을 수 있다는 건 우리 모두가 익히 들어온 바지만, 정작 나 자신이 유별날 정도로까지 실천하려면 뭔지 모를 거부감이 우리 마음 안에서 스멀스멀 피어난다.

보통 우리가 유별난 노력을 스스로 포기하는 이유는 크게 두 가지다.

① 그렇게까지 기를 쓰고 노력해봐야 결과는 별로 다르지 않을 것이라는 잠재적 판단
② 기를 써서 얻을 결과물에 대해 큰 매력을 느끼지 못하는 경우

앞에서도 언급했지만 우리가 유명 연예인들의 사례를 보고도 음식 조절이나 운동 등이 실천되지 않는 이유는 그들의 몸매 관리에 대한 필요 강도와 우리의 필요 강도가 다르기 때문이다. 그런데 문제는 실제로 필요한데도 우리 스스로 '필요가 없다'라고 무의식적으로 판단을 해버리는 경우이다.

예를 들면 공부를 하지 않는 많은 학생들은 다음과 같은 생각들을

많이 한다.

"나의 꿈과 공부는 별 상관이 없다."
"공부로 얻는 성공에 별 매력이 안 느껴진다."
"공부보다 다른 방향으로 나가고 싶다."

물론 이런 생각을 잘못된 것이라 할 수는 없다. 대단히 합리적이고 옳은 선택일 수도 있다. 이런 확실한 자기 주관보다 사실 문제가 되는 건 애매한 필요 판단이다.

"나는 공부를 하긴 해야 한다.(그러나 굳이 힘드는 걸 참아가며 할 것 까지는 없잖겠어)."
"살을 빼긴 빼야지. (그렇지만 굳이 모델처럼 할 필요까지 있을까)."

문제가 되는 건 괄호 안의 판단들이다. 대개 괄호 안의 판단들은 우리가 인지하기 쉬운 표면 의식 쪽으로 나오지 않고 잠재의식 안에서 도사리며 우리 행동을 컨트롤한다.

물론 괄호 안의 말들 역시 무조건 틀린 것은 아니다. 나는 가수 박진영처럼 운동할 필요가 없고, 우리 아이들이 전부 아인슈타인처럼 공부해야 하는 것은 아니다. 다만 인간이 내리는 모든 판단이 그러하듯 우리의 필요 판단도 얼마든지 오류의 가능성이 있다는 점을 인정해야 한다.

"저 학생이 공부에 대해 내리는 필요 판단은 과연 옳은 것인가?"

"내가 이 일에 대해 내리는 필요 판단은 과연 정확한가?"

"혹시 정확한 판단을 내리지 않고 어정쩡한 상태로 그냥 흘러가듯 살고 있는 것은 아닌가?"

교사나 지도자라면 이러한 오류, 혹은 보류의 함정에 빠져 있는 것은 아닌지 점검해 볼 필요가 있다.

필요 판단 점검을 해본 후 문제가 없다는 확신이 서면 그대로 밀고 나가면 된다. 내가 즐기면서 살겠다는데 누가 뭐라 할 것인가? "정녕 후회가 없는 선택인가?"라는 질문은 한 번이면 족하다.

단, 그 질문에 자신 있게 답할 수 없다면, 그때부턴 자신의 필요에 대한 검증과 개념 재학습을 해나가야 한다.

자기보호, 그리고 결과에 대한 예상

:: 노력은 배신하지 않는다?

노력의 양은 측정할 수 없는 것이다. 누구나 노력하라고 하지만 어느 만큼 노력해야 하는지는 알 수 없다. 또한 노력의 양에 결과가 반드시 비례하지는 않는다는 것도 부인할 수 없는 사실이다.

"노력은 배신하지 않는다"라는 말이 있다. 그렇다면 정말 노력에 배신당해본 적이 한 번도 없는가? 없다면 당신의 실패는 모두 노력 부족 탓이라는 말이 된다. 그렇다면 그런 생각하면서 왜 지금도 최고의 노력을 하지 못하는 것인가? 정말 나의 모든 실패는 오로지 내 노력 부족 때문이었다고 진심으로 믿고 있는가?

사실, 우리들의 기억을 뒤져보면 반드시 다음의 사례들이 한 두 번쯤 있기 마련이다.

① 최선을 다해 열심히 했는데도 결과가 좋아지지 않았던 경험
② 힘 안 들이고 했는데도 결과가 생각보다 좋았던 경험

실제로 공부를 하지 않는 학생들의 경우 '열심히 해봐야 성적이 크게 오를 리가 없다'라는 잠재적 믿음을 가진 학생들이 많다. 인간의 모든 사고와 행동은 자신의 신체와 자존감을 보호하는 방향으로 작동되므로 어찌 보면 이와 같은 생각은 매우 합리적인 것이라 볼 수도 있다. 아무리 기를 쓰고 공부해도 전교 1등 엄마친구 아들을 이길 수 없다면, 내가 그에 대해 나의 자존감을 지키는 행위는 차라리 공부를 하지 않는 것이 된다. 공부를 멀리하고, 공부의 가치를 배척함으로써 엄마친구 아들에게 패배하지 않을 수 있기 때문인다.

:: 노력하지 않는 것이 나를 지키는 행위이다

인정하기 싫겠지만 우리는 많은 경우 '노력하지 않음'으로서 자신의 신체와 자존감을 지키려 한다. 숨을 쉬고, 먹고, 자고, 배설하는 것 같은 우리 자신을 지키기 위한 행동 대부분이 무의식적으로 행해지는 것처럼, 이런 자기보호 심리 역시 표면의식보다는 깊은 잠재의식단에서

주로 움직인다.

그러나 잊지 말아야 할 것은 우리가 갖는 자기보호 심리가 꼭 우리 자신을 지키는 게 아니라는 점이다. 여기서 우리는 개념 재학습의 필요성을 느끼게 된다. 앞에서 예로 든 공부하지 않는 학생의 경우, 그가 공부를 배척함으로써 자신을 지키려는 태도를 가지는 것, 그 자체가 나쁘다고는 할 수 없다. 다만 공부를 배척하고자 하는 의지가 다른 분야의 창조적 에너지로 변환되지 못한다는 데에 문제가 있는 것이다. 소위 문제아로 불리는 청소년들에게는 이 에너지가 오히려 자기 파괴적 에너지로 활용이 되고 있다.

막강한 폭력을 행사하는 불량 서클에 들어있는 학생들 중에는 비자발적으로 어쩔 수 없이 속해 있는 경우도 많다. 동물적 자기보호 본능에 따르자면 막강한 힘을 가진 소위 일진들과 어울려 다니려는 심리가 발동되게 된다. 그런 본능을 거부해야 한다는 것을 알면서도 아이들은 불량 서클에서 나오게 되면 겪게 될 고통과 피해에 대해서만 생각한다.

이런 상황에서 불량 서클을 빠져나오지 못하는 학생을 어리석거나 겁쟁이라고 타박하는 것은 효과적이지도 않고 진실도 아니다. 이런 경우는 학생의 결과 예상이 올바르지 못하다, 혹은 균형을 상실했다고 보는 것이 정확하다. 물론 서클에서 빠져나오면 그곳 친구들에게 보복을 당한다는 것도 현실성 있는 예상이다. 그러나 그것이 두려워 계속 서클에 머물면 그로 인해 장래에 더 큰 피해를 입을 수 있다는 것도 역시 합리적 예상이다.

써클에서 빠져나오지 못하는 학생은 전자의 결과 예상이 의식 내더 많은 영역을 점유하고 있는 것이고, 어떻게든 빠져나오려 노력하는 학생은 후자의 예상을 더 크게, 더 많이 하고 있는 경우다. 따라서 공포심으로 써클에 계속 얽매이는 학생에게라면 의식 내의 결과 예상을 의도적으로 조절함으로써, 지금까지와는 다른 새로운 행동 결과를 유도해 볼 수가 있다.

이는 비단 이런 위험한 상황뿐만 아니라 우리가 일상적으로 겪는 노력과 욕망의 갈등에 대해서도 적용해볼 수 있다. 실제로 인간이 결과를 예상하지 않고 행하는 행동은 없고, 따라서 우리는 '노력'이란 것에 대해서도 의식적으로든, 무의식적으로든 반드시 그 결과를 의식한다. 그런데 결과에 대한 예상이 우리의 노력을 촉진하는 경우도 있지만, 장애로 작용할 때 역시 많다는 점이 문제다.

기본적으로 인간에겐 기쁨보다 슬픔과 괴로움이 더 강력한 감정이다. 치명적인 폭행이나 상실 등을 당한 아픔은 몇십 년이 지나도 좀처럼 잊히지가 않는 반면, 기쁨의 감정이 그 정도 장기적 지속력을 지니는 경우는 좀처럼 찾기 어렵다. 의도적으로 애쓰지 않는 한 인간은 좋았던 경험보다 나빴던 경험에 더 민감할 수밖에 없으며, 따라서 성공보다 실패의 기억이 우리에겐 더 강렬하다.

어떤 일이든 노력을 한 번도 안 해본 사람은 없고 동시에 노력에 배신당한 기억이 없는 사람도 거의 없다. 이런 경우에 남들에게는 "내 노력이 부족해서 그런 결과가 나왔겠지!"라고 얘기한다 해도, 마음속 깊은 곳에 잠재된 억울함과 부당함을 깨끗하게 털어버리는 건 쉬운 일이 아니다. 그리고 이런 기억들 하나하나는 차곡차곡 쌓여 우리 노력에 견고한 브레이크 장치가 된다.

:: 불확실성에 내 모든 것을 걸 수 있는가

"그렇게까지 해서 뭘 할 건데? 뭐 얼마나 대단한 걸 이루겠다고 이 난리야?"

내 마음 어딘가에서 울려나오는 이런 목소리가 노력을 막는 경우가 얼마나 많은가.

실제로 노력에 대한 대가가 전혀 없는 경우도 많다. 개인의 힘을 초월하는 여러 가지 힘과 원인들이 분명히 존재하는 이 사회에서 모든 걸 노력의 탓으로 돌려버리는 건 지나치게 가혹하다. 가능성으로만 말하면 아무리 피나게 노력해도 그 대가가 전혀 없을 확률도 분명히 존재한다.

그러나 그렇다고 인생을 살아가면서 노력을 안 할 수도 없다. 일단 노력을 하면 확률이 1%라도 생기지만 안 하면 아예 0%다. 물론 저조한 확률에 자신의 체력, 시간, 의지력, 돈 등 자원을 쏟아 붓기는 쉽지 않다. 소위 노력파라 불리는 사람과 그렇지 않은 사람의 차이는 의지력이 아니라, 이 불확실성에 자신을 걸 수 있는가에 달려 있다.

인간에게는 주변 사람들에게 인정받고 싶은 강한 욕구가 있다. 그러나 정말 자신이 바라는 목표를 이루고 싶다면 이런 인정을 꼭 주변 사람들에게만 받으려는 생각에서 벗어나야 한다. 신념을 가지고 노력하는 사람들이 늘 주변의 격려와 응원을 받은 것은 아니다. 주변의 격려는커녕 무시와 폄하, 조롱을 당하는 경우도 적지 않다. 그러나 그들은 이에 굴하지 않고 앞으로 나아간다. 절대적인 신의 평가에만 의존해 나아가는 사람도 있고, 외부의 평가나 기존의 가치판단에 연연하지 않고 자신이 부여한 가치를 붙들고 나아가기도 한다. 물론 신에 의존하지 않고도 대단한 성과를 이룬 노력왕들도 많다. 그런 이들은 과학, 진리탐구, 도덕, 올바른 사회 건설, 인류애 등 자신 안에 종교 못지않은 강한 권위의 가치 지향을 설정해 놓은 사람들이다.

　이렇게 남들의 시선이나 판단에 휘둘리지 않고 숭고한 가치를 만드는 방법도 있다. 숭고한 가치를 추구하는 도정이라고 생각하면 결과에 대한 집착으로부터 이전보단 훨씬 자유로워질 수가 있다. 그리고 그것은 노력을 지속하고 강화하는 큰 요인이 된다.

:: 노력의 이유

우리 사회에서 성공의 척도로 가장 크게 내세우는 것은 주로 '경제적 성공'이다. 노골적으로 표현하면 '금전적 경쟁 우위 확보'다. 아쉽게도 우리 교육은 그에 대해 아직 의미 있는 반기를 들지 못했을 뿐 아니라 오히려 학생들을 무한경쟁으로 내몰면서 세속적인 성공을 추종해왔다.

　"경제적으로 성공해서 남들의 우러름을 받아라! 그러기 위해 노력해라!" 우리는 하루에도 수없이 이런 메시지를 접한다. 그런데 심리적 자극을 성공이나 경제적 가치, 출세 등의 메시지에서만 받는 사람을 진정으로 훌륭한 인간이라고 할 수 있을까.

우리가 인생에서 노력을 해야 하는 이유가 비단 '성공' '승리'에만 있는 것은 아니다. 육식을 아주 좋아하지만 혈압 조절을 위해 육류 섭취를 줄이는 것, 건강을 위해 담배를 끊는 것, 취업을 위해 학점을 쌓는 것, 등등 사실 우리에겐 성공을 위해서보다는, 더 큰 고통을 막기 위해 해야 하는 노력들이 훨씬 더 많으며, 이 역시 성공이나 출세 같은 세속적 가치 못지않게 중요한 것이다.

인간이 누릴 수 있는 가장 보편적 즐거움이라면 역시 쾌락의 향유일 것이다. 그러나 평생 풍족하게 쓸 수 있는 재력을 갖지 않는 이상 마냥 쾌락에 젖어 살 순 없다. 한동안은 유지할 수 있어도 영원히 지속되는 쾌락은 없다. 즐거웠던 현실은 어느덧 과거가 되고, 막연했던 고통의 미래가 현실이 된다. 그 고통에는 비단 경제적 궁핍만 있는 것은 아니다. 이 사회가 인생을 마냥 즐기도록 내버려 두지 않는다는 것은 이미 우리 모두가 경험을 통해 충분히 인지하고 있는 사실이다.

이것이 성공이란 것과 한참 거리가 있을지도 모를 평범한 우리가, 그래도 노력이란 걸 해나가야 하는 이유가 된다.